澤木耕太郎

ペルシヤの風

陳寶蓮 譯

波斯之風

SAWAKI Kotaro

深夜特急

第2便 ペルシヤの風

2

特別版作者序

重生——致臺灣的新讀者

從去年到今年，日本的TBS廣播電臺播放了一檔朗讀《深夜特急》全文的廣播節目。這個節目在每晚十一點左右播出約三十分鐘，雖說是週一到週五連續播放，卻也持續了將近一年之久。

朗讀者是演員齋藤工先生，他在繁忙的行程中，完成了這一年的朗讀。

我從二十六歲開啟的《深夜特急》之旅，也是一段歷時整整一年的漫長旅程。然後，我將這趟旅程寫成三部遊記出版，耗費我人生中好長一段年歲。

不過，朗讀《深夜特急》並將全書有聲化的過程，似乎也需要極其龐大的時間和精力。每晚，齋藤先生那低沉柔和的聲音從廣播中流瀉出來。我在聆聽他朗讀《深夜特急》時，往往感到奇妙，暗忖著這真的是我寫的文字嗎？

因為他的朗讀，這本書變得更加有趣、驚險、幽默、哀傷，有時則顯得無比美麗。

回想起來，二十多年前，《深夜特急》曾被改編成電視劇。

主角是大澤隆夫先生。如今，他已是日本電影界舉足輕重的演員，能夠駕馭形形色色的劇中人物，但當時他還是一位乍看之下有些青澀、對未來充滿迷茫的年輕演員。然而，就像當年二十六歲的我，為了拍攝，大澤先生也展開了橫越歐亞大陸的長途旅行。在這段旅程中，他和我一樣有所改變，成為一位既勇敢又堅韌的演員。

拍攝歷時約三年。我在拍攝的最後一站倫敦迎接攝製組。當時，我觀察到大澤先生因為旅途中的勞頓，整個人顯得消瘦黝黑，卻也同時驚訝地發現，他似乎變得更強壯了。

齋藤工先生和大澤隆夫先生這兩位日本優秀的演員，透過聲音和影像重新詮釋《深夜特急》，賦予了這部作品新的生命力。

不，也許不只是齋藤先生和大澤先生，所有《深夜特急》的讀者都經由閱讀這本書，讓《深夜特急》的世界再次躍然紙上。無論是少年、青年、中年、老年，無論是男性還是女性，讀者與主人公「我」一同遠征歐亞大陸的盡頭，一同為作品注入新的活力。

《深夜特急》的主人公「我」，也就是新的讀者「你」。我由衷盼望《深夜特急》的世界能充滿朝氣地重生在你我面前。

澤木耕太郎

第二班車　波斯之風　目次

特別版作者序　重生——致臺灣的新讀者　2

第七章　神子之家　印度（一）　11

甘地所說的「神之子」，就是賤民階層小孩。在為他們而設的孤兒院、學校，也是職業訓練所的教養院裡，我從物質中獲得解放……

第八章　雨使我入睡　寄自加德滿都的信　93

在這加德滿都，旅行途中年輕人一個又一個的死去。當開始吸食大麻、徘徊在夢與現實之間時，恐懼感便蒙上薄紗……

第九章　死亡的味道　印度（二）　109

瓦拉納西像是無秩序上演生與死的劇場城市。作為一個觀眾，我每天毫不厭倦地觀賞遭遇到的種種戲碼……

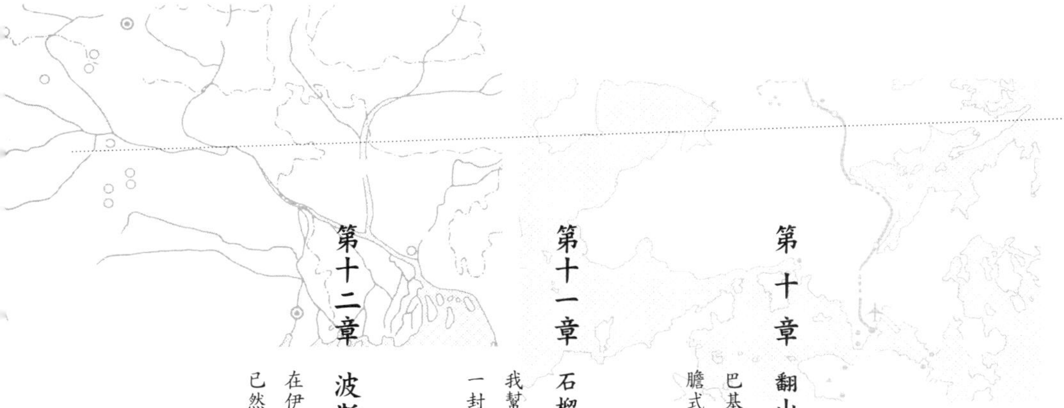

第十章　翻山越嶺　絲路（一）　149

巴基斯坦的巴士確實嚇人。一路猛速急衝、和對面來車比試膽量玩比膽式飆車。我坐著瘋狂快車，從絲路奔往阿富汗……

第十一章　石榴與葡萄　絲路（二）　185

我幫嬉皮旅館拉客，意外地在齋戒月剛過的喀布爾久住多日。所幸，一封來自日本的信，激起我繼續邁向德黑蘭的壯志……

第十二章　波斯之風　絲路（三）　229

在伊朗的古都伊斯法罕，在吹過國王清真寺的蒼涼風中，我彷彿看到已然年老仍無法穿越漫長旅行隧道的自己……

第　二　班　車

波斯之風

第七章 神子之家

印度（一）

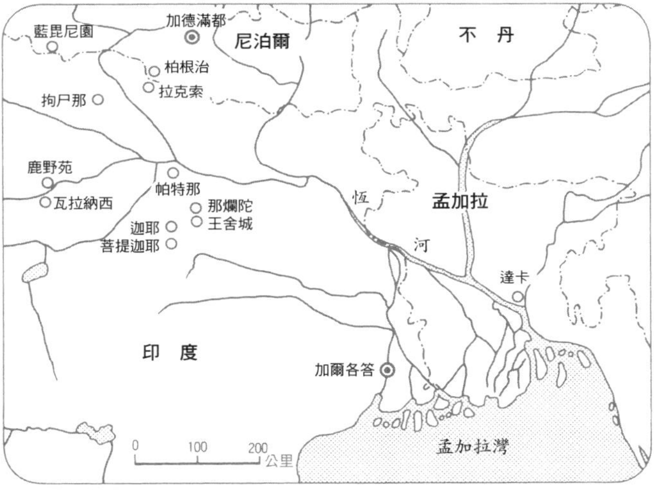
加德滿都
藍毘尼園
尼泊爾
不　丹
柏根治
拉克索
拘尸那
鹿野苑
帕特那
瓦拉納西
那爛陀
王舍城
迦耶
菩提迦耶
恆
河
孟加拉
達卡
印　度
加爾各答
孟加拉灣
0
100
200
公里

1

印度航空的班機降落猶如沉在幽暗底層的加爾各答達姆達姆機場（Dum Dum Airport）時剛過晚上八點半，比預定的時間晚約一個小時。

香港和曼谷的暑熱潮濕黏膩，加爾各答比它們更濕更黏。一進機場大廳，毫無涼意，不禁懷疑冷氣是否故障了？

入境手續非常簡單。不到十五分鐘便來到行李運轉檯。我等著拿行李，沉浸在終於抵達印度的喜悅與不安交織的淡淡感觸裡。

好運道

……在新加坡的日本人墓園裡突然決定來加爾各答，到實際坐上飛往加爾各答的班機，之間好幾天都忙得頭昏眼花。

加爾各答這城市名稱一旦進駐腦中，我就恨不得早一天啟程。最快的方法是直接在新加坡買張飛往加爾各答的機票，但這樣一來，我那張曼谷飛德里的機票就浪費了。於是，我到烏節路的旅行社去，詢問是買張新的機票便宜，還是先回曼谷有效活用原來那張機票比較划算。

聽他們說，就算搭國際列車花三天時間回曼谷，也比重新買張機票划算。不過，要活用那張機票也不是沒有問題。因為曼谷到德里的機票能否換成曼谷到加爾各答，我也沒有把握。機票上確實注明「不得變更」。可是，我不是要到更遠的地方，而是要到距離較近、差不多只有一半里程的地方。未必不能變更吧！我選擇的不是簡單確實的方法，而是不要花錢的方法。說得誇張一點，就是賭。

翌日，我向親切的特派員一家告辭，坐上開往曼谷的國際特快車。早上八點出發，兩天後的上午七點抵達。不過四十七、八個小時就跑完我曾經花了一個月的時間才走完的土地。

我一抵達曼谷，立刻趕到是隆路的印度航空分公司。交涉情況比我預想的還要麻煩。櫃檯女職員一直堅持機票上加注的「not variable」，我知道她說的都對，我也不打算反駁。但是我如果讓步，那麼回曼谷這一趟就毫無價值。因此我打死不退。

女職員堅持不讓，她的強硬態度讓我差一點就要放棄。我的說法是飛航距離縮短了，應該可以通融一下，但完全沒有說服她放棄「機票上說不能變更就不能變更」的力量。

正當我無所適從時，一個風度不錯、像是她上司的印度男性出現。他聽完女職員的報告後，向我搖搖頭表示的確礙難從命。但是他的出現對我來說仍是個運氣。因為他看起來比那個女生容易溝通。如果錯過這個機會，我就必須買到加爾各答的機票。我在腦中拚命組合英語文句，鼓起勇氣面對他發出連珠砲。

我想從印度坐巴士去倫敦。就這個目的來說，從德里出發和從加爾各答出發是沒有多大差別。但如果從這裡直接到德里，我就在沒有見識到大半個印度的情形下出發，只能浮光掠影地判讀印度這個國家。如果我能去加爾各答，在抵達德里以前可以慢慢旅遊認識印度。你不希望自己心愛的國家讓外國年輕人看看嗎？還是，真的不願意讓人看到……。

我在腦子裡告訴自己放輕鬆、好好地說！我的確滔滔不絕，他面帶微笑。

「我了解，就讓你變更吧！我是加爾各答人，也希望你去看看孟加拉邦是多麼美麗的一塊土地。」

接著，他又補充說：

「可是，你能不能放棄縮短航程部分的運費差價？」

我壓根兒沒想到要索取差價，「當然。」

他幫我改劃機票，我道完謝要離開時，他突然用流暢的日語問我：「我妻教授好嗎？」他像享受我的驚愕般繼續說：「我在東京大學追隨過我妻教授學法律。」

「我妻教授是寫《民法大意》的我妻榮教授嗎？」我問，他回答說「是」。我讀大學時教科書用的也是《民法大意》，但沒有直接受教那位民法大學者。

「我不知道耶……」

我歪著腦袋，他並沒有執著這個問題，只爽快地說聲「是嗎」就離開。但是，知道他精通日語後，我突然覺得剛才賣弄英語實在丟人，好像讓旁邊的日本人看到我對外國人說蹩腳英語般。

我匆匆出來後，有點懷疑他是否真的在東京大學受教於我妻榮教授。因為以他的年齡來看，直接上我妻榮教授的課好像太年輕了。或許那只是他唬唬日本人的玩笑。他突然問我妻教授好嗎，不是我妻教授學生的日本人應該不知道。他倒打日本人的「東大崇拜」一把，讓日本人感覺困惑，或許只是好玩。如果真是這樣，我也結結實實地被他消遣了一頓。

但不論如何，我還是託他之福，得以飛到加爾各答……。

與日本人同住

行李檯轉動，行李開始轉出。我茫然地等著自己那有點髒的旅行背包。

「到市內嗎？」

背後有聲音，但我沒想到那是對我說的。

「要住在市內嗎？」

我注意到重複的話語是日語，這才回頭。一個和我同年的日本人不安地呆立。他穿著狩獵裝式的短袖襯衫和寬棉褲，像是相當正統的旅行者。頭髮也梳得整齊，戴著眼鏡。

我的表情像問有什麼事，他表情稍微鬆懈地問：

「你今晚睡加爾各答市內嗎？」

「嗯，是有這打算。」

「飯店決定沒有？」

「還沒……」

聽了我的答案，他好像很失望。

「是嗎？」

我難免有點在意。

「你呢，住處決定了沒？」輪到我問他。

「就是沒有，所以才想如果你有，就和你一起過去……」

原來是這件事。

「從日本出發時是想到了這裡再想辦法，但是真到了這裡又擔心起來……因為是晚上了。」

我也是第一次必須在這麼晚的時間去找旅館。抵達泰國的春蓬時雖然也是半夜三更，但那時有當地的年輕人陪同。有時候白天可以輕鬆辦成的事情到了晚上特別難辦。但是沒決定抵達加爾各答當天的下榻處，我絲毫沒有不安。因為我知道總會有辦法的。

「那你今晚打算怎麼辦？」

我沒有任何具體的主意。只是想著離開這裡後去觀光諮詢處弄點資訊。於是我說，拿到行李後再想。

「那樣能順利找到嗎？」他擔心地問。

那語氣顯示出他是打算靠我了。我心想，糟糕！我自己一個人怎麼都無所謂，帶著這樣一個正統的旅行者很難隨機應變，能住的旅館受到限制，弱點也將被他看清。

這時，行李檯轉出我的背包。時機剛好。我心想說聲再見就離開，但他更早一步說：

「能夠的話，住同一家飯店好嗎？」

人家提出要求，不好拒絕。我沒辦法，只得說好。這該怎麼辦？我一邊等著背包轉過來，一邊忙著動腦筋。

「還沒決定住的地方嗎？」

背後又有聲音。也是日語。回頭一看，站著和我們年齡相仿的日本人。體格結實，身穿粗獷服飾。

「……是啊。」戴眼鏡的年輕人回答。

「那麼，住我訂的飯店好了。」

我還沒開口，戴眼鏡的年輕人高興的叫好。他是什麼樣的人物？那飯店在哪裡？我們都一無所知。我對戴眼鏡年輕人的輕率有些生氣。

「哇！求之不得。」

「就住我的房間好了。」

「我的房間？」

畢竟連那戴眼鏡的年輕人也覺得奇怪，好奇地問。

新到的那個人解釋說，他本來要去孟加拉（Bangladesh）的達卡（Dacca，孟加拉共和國的首都——譯注），因為飛機晚到一個小時，來不及轉機。往達卡的飛機要明天早上才有，今晚勢必要住在加爾各答。因為這是航空公司的責任，因此幫他準備住宿處，是超一流的歐貝樓大飯店（Oberoi Grand）。他覺得飯店房間太寬敞，一個人住太浪費，反正是免費的，於是邀我們一起住。聽起來美美的，但也不覺得他在開玩笑。

「房間只為你一個人準備的嗎？」我半信半疑地問。

戴眼鏡的年輕人也懷疑地嘀咕：「一流飯店可以那樣做嗎？」

他不介意我們的話，輕聲說：「沒問題。」

「不會發生糾紛吧？」

「對啊，萬一事後要我們付房錢豈不慘了。」

「沒問題，因為飯店給的是一個房間，要住多少人是我們的自由，堂而皇之走進去，誰也不敢囉唆。」

我不認為事情會這麼順利，但這提議也不壞。

「太好了，得救了！」

戴眼鏡的年輕人非常起勁。我先前雖然懷疑他這提議、覺得不該輕易接受，但看他似乎並無惡意。

「就這麼辦吧！」

戴眼鏡的年輕人像徵求我同意。我點點頭，去達卡的年輕人說：

「拿著行李，先出去再說。」

和入境檢查一樣，海關檢查也不太嚴格。

一出大廳，立刻被計程車的拉客黃牛團團圍住。他們眼睛發亮地兜攬生意。

我先冒出「No」以擺脫他們，去達卡的年輕人卻含笑跟他們搭訕。他說的不是英語，像是當地的語言，嚇我一跳。

「好厲害。」我說。

他不卑不亢地說：「因為來過好幾次了。」

我重新打量他。一般旅行者即使來過多少次也不可能講得這麼流暢。

我開始盤算，是否要和那戴眼鏡的年輕人一樣，全部仰仗他算了。他和一個拉客黃牛交涉價錢，終於談妥，拉著那人一起到印度航空的櫃檯，要他們出計程車費。

「這人的計程車好像可以，走吧！」隔一會兒他回來說。

一起走到機場外面時，我發現還沒換錢。我請他等一下說要去換錢，他好心告訴我，若要在機場換錢，換一點點就好。明天上街後買黑市美金的人會主動上門，他們的匯率比銀行好一些。一盧比等於一百披索。在黑市，一美元雖然只有幾十披索的差距，但在印度，幾十披索可不是一筆小錢。我聽從他的建議，只換了十美元。

等在外面的計程車是輛黑色大型轎車，但是相當老舊。行李塞到後車廂，坐進堅硬的位子，感覺真像進入一個快要壞掉的棺材裡。

車子終究能開，放鬆下來後，我們互相自我介紹。

戴眼鏡的年輕人是東北醫科大學的學生，利用暑假第一次出國旅行，我大為驚訝。不是因為他是醫大學生，而是竟然已經到了日本大學放暑假的季節了。不知不覺中，日本已經是夏天了。

去達卡的年輕人是大學讀到一半休學，前往孟加拉工作。他們為脫離巴基斯坦獨立後猶為飢餓疾病所苦的孟加拉組織義工、協助建設新農村。這次回日本也是去募款。我這才明白他精通當地語言的原因。

計程車晃著破舊車身奔馳在黑暗的夜路上。

只知道是從郊外慢慢接近市區，但是看不到什麼照明和霓虹燈。街上像默片場景般寂靜，只有民宅隱隱透出的燈光凸顯這夜色之深。

「快要到了。」

去達卡的年輕人說。但，我絲毫不覺得要接近市區了。

「那個歐貝樓大飯店究竟在什麼地方？」我不安地問。

他非常乾脆地回答說：「喬林基路（Chowringhee Road），加爾各答最熱鬧的一條大街。」

我們真的是朝那裡前進嗎？

繞過一個轉角，四周更暗，計程車放慢速度。路上很黑，沒有人影。這一帶好像停電。慢慢行駛的計程車窗外可以看到民宅裡面晃動的燭焰。凝神細看，我以為無人的路上，有許多人或坐、或蹲、或躺。走在路邊的男人黑色皮膚彷彿融入黑暗中，只有白色衣服在動。橫過車前的男人突然轉過頭來，在汽車大燈照射下，黑暗中只見他眼睛冒出紅光……。

我感覺毛骨悚然。這一瞬間感覺整個經過和初抵香港時不可思議地雷同。一到達當地就被陌生人叫住，不知不覺坐在車上。朝著不知在哪裡的旅館，穿梭在不知名的地方。但奔馳在中文招牌林立的香港街上，不安同時也有一股無法壓抑的興奮，此刻，和當時那繁華熱鬧截然不同的黑暗街上，我也有著同樣的興奮。

印度第一印象的衝擊

計程車停在寬敞大路旁的老式飯店前。因為光線不亮，外表看不出是有多高級的飯店。

但是走進一看，雖然說不上豪華，裝潢還是恰如其分的高雅。去達卡的年輕人叫我們在大廳稍等，走向櫃檯。我和東北醫大的學生心虛地等待。

不久，他笑嘻嘻地和腳夫邊說邊走回來。醫大學生小聲地問，「怎麼啦？」

他訝異地回問：「什麼事？」

「我們能住嗎？」

他聽了，像笑我們過分擔心似的說：「當然，剛才不是說沒問題嗎？」

我突然覺得他頗值得依賴了。

看見腳夫帶我們去的房間，那更變成近乎尊敬的感覺。

一踏進房間，我不禁叫道：「好豪華呀！」

確實是個豪華的房間。一進門，是個附帶衣櫥的小房間，推開第二扇門，是客廳擺設的大房間，除了沙發、茶几外，還有一張單人床，最裡面的主臥室寬敞地擺了兩張雙人床。一個人住確實太大了，連沙發在內可以睡上十個人。

醫大學生興奮地在房間繞來繞去，去達卡的年輕人像是曾經住過，沉穩地坐在沙發上。

他和醫大學生睡臥室的雙人床，我睡小客廳的單人床。決定好睡鋪後便覺得輕鬆悠閒了，去達卡的年輕人說：

「要喝啤酒嗎？」

「可以喝嗎？」

「當然。」

他的答案有點讓人意外。我已有心理準備，這裡雖不是伊斯蘭教國家，但這個印度教的國度大概也別想喝什麼酒吧；啤酒，我甚至連想都沒想過。但是這麼熱，如果要喝，只有喝啤酒才合適。

「去哪裡喝？」

「酒館，外面喝便宜酒的地方多的是。」

我們決定先出去喝啤酒。在睡前走走加爾各答的街道，正合我意。

一到室外，又重又黏的濕氣貼身而來。沒走幾步路就渾身冒汗。好熱，總之好熱。喬林基路雖然是加爾各答最繁華的大街，但幾乎沒有行人。是因為近晚上十點的關係嗎？

去達卡的年輕人從大路轉進漆黑的小巷，像商量的口氣說：

「喝酒前我想帶你們去看個地方，好吧？」

雖然不知道他要帶我們去哪裡，但我們也沒有馬上要去酒館的理由。而且能仔細看看這城市，對我來說反而是好。

「沒關係。」

「就坐人力車去。」

我和醫大學生一點頭，他便這麼說，招呼停在路邊暗處的人力車。和車夫談過兩三句話，很快就像談妥了，轉向我們說：

「雖然很近，但因為是晚上，三人合出車錢，一人一盧比，怎麼樣？」

「一盧比是沒問題，但三個人坐一輛嗎？」

我覺得太勉強。不巧，我們三個身高都一百八十公分左右，而車夫是個兩頰削落無肉、襯衫下肋骨畢現的瘦子。

「拉得動嗎？」醫大學生也語帶同情地問。

「那是他的職業。」

「可是……」

醫大學生還想說什麼，去達卡的年輕人相當強勢地說：

「你如果覺得他可憐而不坐，他連一盧比也賺不到。」

「是嗎……」

「而且，再怎麼說，他都是職業的，很容易就可以拉動我們三個；拉著一家七口快速穿梭在行人擁擠的市集裡也沒問題。」

照他所說，我們擠上狹窄的座椅，瘦削的人力車夫剛開始很吃力地踩著地面，但很快就換成穩定的步伐。

夜色暗得完全看不出經過什麼地方。加爾各答給我的第一印象就是黑暗。好暗。但眼睛習慣以後，可以看見黑暗中有緩緩蠕動的東西。是人，在路邊蓋著髒布，像蝦子般縮著身體躺著。到處都是。

不久，人力車停在一棟老舊的二層樓房前。去達卡的年輕人說了一句話，車夫去敲門，裡面露出一個也是瘦瘦的年輕男人的臉，看看我們，用指頭做信號叫我們進去。

我大概猜得出這裡是什麼地方。因為太像泰國春蓬那曖昧旅館的樣子。

人力車夫接過錢，什麼也沒說地跑開。

在去達卡的年輕人催促下，我和醫大學生也進到裡面。

一進門就是樓梯，登上又窄又陡的樓梯，轉角處吊著一個電燈泡。就只有這點燈光照著微暗的室內。上到二樓，餿味衝鼻。像是香辛料和脂粉、體液混合的臭味。

這時，像是老闆的大胖子出來。看了我們的臉，露出困惑的表情，去達卡的年輕人一說出流暢的孟加拉語後，他立刻明白似的，從裡面房間把女人帶出來。我看到那三個女人瞬間，一股噁心湧上喉頭。

她們不是醜，而是身體和臉呈現異樣的不平衡，身高還不到我們胸部，又和身材嬌小不同，是還沒有完全發育。只從臉來判斷，看起來只有十多歲或剛滿十歲，雖然化著濃妝，但妝下的臉龐還殘留著小女孩的稚嫩，可頸部以下的身體像是已過四十的中年女人般成熟、沒有線條。最異樣的是那臀部，雖然纏著藍色、粉紅色的紗麗，仍看得出從腰部到臀部大得和整個身體完全不協調，異常地發達。這種不協調夾著室內的臭味讓我作嘔。

「這些孩子幾歲？」

我喃喃自語，去達卡的年輕人問那老闆。

「老闆說十六歲。」

「不會是……」醫大學生呻吟似地說：「十二、三歲吧！」

去達卡的年輕人也同意。

「而且，像是已做了好幾年生意的體態。」

老闆看我皺著眉頭說話，認為是對女孩不滿意，又到裡面帶出另外兩個女孩。她們看起來比前面的還小。我感受到在東南亞妓女戶裡絕對感受不到的陰慘。和這裡比起來，檳城的色情旅館簡直是天堂。

老闆用孟加拉語說了什麼，去達卡的年輕人苦笑著對我們說：

「價錢好像是一個人四十盧比，這個老闆認為我們是外國人，存心敲竹槓。」

一盧比約三十五日圓，因此不到一千五百日圓，但他還說貴。

那時，前面的小房間走出一個女孩，像是客人的男人隨後出來。男人看到我們，有些驚愕，隨即默默下樓去。

我去看他們剛才使用的地方，不算是房間，只是用三夾板在走廊上圍起的約兩個榻榻米大的空間。沒有天花板，聲音直接外散地簡陋。

「怎麼樣？」去達卡的年輕人問我們。

「我是不要，我自己可以回去，你們盡情享受吧！」

我一說完，醫大學生也索然地說：「我也不要。」

這下，去達卡的青年也改變心情般、非常爽快地說：「那就走吧？」

他快速地告訴老闆今晚不要，老闆像覺得我們存心耍他似的揮揮手。

我們循著夜路走向酒館。

我們，尤其是我和醫大學生很少說話。進入酒館，喝到期待的啤酒後，談話還是不起勁。不只因為啤酒溫溫的，更重要的是被剛才看過的妓女戶的淒慘震懾。去達卡的年輕人興致盎然地看著我們。

或許，他一開始就無意買女人。只是半開玩笑、半出於善意地用他的方式為在印度踏出第一步的我們洗禮。

我們各喝了一瓶印度國產啤酒。算帳時三十盧比，一人分攤十盧比。

離開酒館，在回飯店的路上，醫大學生嘀咕著：「四瓶啤酒的價錢……」

不問也知道他說的是什麼，因為我也想著同樣的事情。

「飯店那房間平常一晚是多少？」

我問去達卡的年輕人。

「大概要四、五百盧比吧……」

「是嗎？十倍……」

這話冒出嘴巴瞬間，我差點絆倒。不是醉了，是因為左腳動不了。我被一股很大的力量抓住，回頭一看，趴在路上的老人單手抓住我的腳踝，一副搏命的樣子仰望著我。我差點失聲大喊。

2

我最早醒來。

看看錶才六點。洗臉、刷牙後他們還沒起床。我很想出去看看，萬一他們起來時看到昨天才見面的人不見了一定覺得不安。但是我的行李還放在床邊，他們應該明白的。

搭電梯到大廳，走到飯店前面的街道。我不覺發出一聲嘆息。訝異的不是人行道上印度人熙來攘往、快車道上汽車巴士奔馳，而是兩邊都有牛隻自在地漫步，我驚訝之餘，甚至有些感動。

果然，因為這裡是印度！

昨天晚上，喝完啤酒回來途中，我的腳突然被人抓住。那人顯然是個乞丐。若不給錢，他不會輕易放手。當然，我若用力踢他，也不會甩不開他。但我不允許自己對匍匐地面的老人用那種方法。

去達卡的年輕人很了解我心情動向般微笑說：「怎麼啦？」

我無意給錢。萬一給了這個老人，似乎以後每有同樣遭遇時都必須給錢。我不是捨不得錢，只是討厭這種被迫的方式。

我這樣說服自己，但我沒踢他，彎身兩手抱住我的腳像拔蘿蔔似的拔出來，他還緊抓不放時，我就輕輕踢他肩膀，我覺得這樣做是可以原諒的。

我開步走後，去達卡的年輕人輕鬆地說：

「唉、因為這裡是印度啊！」

那時我模糊預感到，往後遊繞印度時可能會數度冒出這句台詞吧！

結果第二天一早就脫口而出，這很有趣，往後的情況可想見一斑。

我循著昨夜的記憶從喬林基路向左轉，沒走多久，就看到一些路上生活者，有人躺著，有人彎腰撿拾垃圾。下半身不會動的女人用手撐著身體爬近小垃圾山，撿拾剩飯，不知從哪裡翩然飛下一隻烏鴉，也把嘴鑽進垃圾裡。女人沒力氣趕走牠，默默地挑選蔬菜梗。人和烏鴉一起爭食垃圾。這也是很印度的。

穿過巷子，來到稍微寬敞的街道。幾乎沒有行人，清楚可見陽光為牛奶色朝靄染上一層淡淡金光的路上，有無數隻烏鴉旁若無人地盤旋。簡直像希區考克的電影《鳥》的世界。雖然知道不會發生什麼事，但是獨自走在其間還是需要一點勇氣。我心想，該折回來時路嗎？不知為什麼，我並不想這做。大概這也類似昨晚對那乞丐的心情吧！如果這次繞路而行，以後很可能處處需要繞路。我不願意變成那樣。或許連我自己都未意識到，我對印度有著超乎需要的防備心理。

是有點恐怖。突然一隻烏鴉振翅欲撲過來。即使如此，我還是走了一段那猶如廢墟般的街路，直到轉進另一條小路時，心臟反因鬆口氣而跳得更兇。

再走一段路，一棟老舊建築門前，嬉皮裝扮的洋人坐在地上悠閒地抽菸，和印度人說話。門旁停著人力車，那印度人是暫時擱下生意打混吧！

「早！」

我經過時，嬉皮跟我打招呼。

「早安。」

我慌忙回應。

「很早嘛！」

他不說自己，反而指著我說。我本想說自然而然就起來了，可是不知英語怎麼說，囁嚅嚅時他又說：「找旅館嗎？」

他這一說，我才想起，今天非快點找到在加爾各答落腳的旅館不可。如果一直住在大飯店裡，在抵達德里前就得先回日本了。

「是啊，這裡有便宜的旅館嗎？」

「要多少有多少，你覺得幾盧比的合適？」

「這……」

我不知道行情，無從回答。

看我回答不出的困擾模樣，白人嬉皮又問：

「你剛到加爾各答？」

「不，昨天到的。」

「昨晚住哪裡？」

「Grand.」

「Grand?」

嬉皮重複一遍，歪著腦袋。我突然感到不安。我以為那是誰都知道的有名飯店，或許那只不過是一夜好夢，等一下回去再看時就變成狐狸窩般半倒的廢墟。在我想著無聊事時，蹲在嬉皮前的印度人開口說。

「是Oberoi Grand嗎？」

「對，就是Oberoi Grand。」

我高興的一直點頭，嬉皮像被我戲弄似的皺著臉。

「我沒騙你，真的住在那裡。」

我討厭人家認為我在辯解，嬉皮不理會地抬手說：

「Bye!」

「Why?」

為什麼？我有點生氣，急忙問。

於是嬉皮像調侃似地說：「這裡和住在Oberoi Grand的人種不一樣。」

「為什麼？」

「你不知道？」

「完全。」

嬉皮表情驚訝，但像理解我的一無所知，改成老鳥對菜鳥的口氣說明原因。據他說，這條短短的路叫沙達街（Sudder Street），是旅行印度的嬉皮無人不知的有名街道。加爾各答最廉價的旅館集中地，附近有黑市、旅行相關資訊和能輕易弄到大麻等都是這條街出名的要因。

「行情一晚上是多少？」

「六盧比到八盧比吧！」嬉皮坦率地回答我的問題，「不過是大通鋪（dormitory）。」

「大通鋪？」

嬉皮一定想怎麼我連這個都不知道，表情不耐地說：

「就是大夥兒睡一間的大房間。」

我從香港到東南亞，住過相當便宜的旅館，但還沒住過大通鋪。住大通鋪不能隨自己喜歡的時間睡覺起床。

「如果不住大通鋪呢？」我問嬉皮。

「也有小的單人房，十二盧比。」

那也不過四百日圓。只要是個人房，再怎麼髒我也能忍受。心想或許今天就搬到那種房間時，嬉皮說：「可是現在到處都沒有小房間。」

「還是要睡大通鋪嗎……」

「有沒有空的床位還不知道哩。」

「你住哪個旅館？」

嬉皮大聲笑著，他今早才從南部的馬德拉斯（Madras）經由浦里（Poori）抵達加爾各答。說是抵達，不如說是回來。他在印度逗留近一年，在加爾各答時一定住這裡，但因為客滿，正在等床位。今天大概會有一個人離開吧！

「這是什麼旅館？」

「Salvation Army，不是旅館。」

Salvation Army，就是救世軍。這裡是救世軍經營的「紅盾賓館」（Salvation Army Red Shield Guest House）。房價比附近的旅館貴一、二盧比，但比較安全，因此很受歡迎。

「我也和你一起排隊等吧！」我說。

他好奇地問我，住在歐貝樓大飯店的旅行者為什麼要住救世軍這裡呢？這回輪到我笑了。說明事情經過。當他知道我昨晚是免費借住後，開始對我擺出友善的口氣。

「跟我一起排隊，我也有個說話的對象，真好。」

我先跟他告別，正要離開時，人力車夫叫住我。

「change money?」

果然如昨晚去達卡的年輕人所說，買黑市美金的自然出現了。我想知道公定的匯率是多少，問他：「匯率多少？」

「一美元換八盧比。」

是這樣嗎？但我現在並沒有換錢的迫切需要，說聲「我知道了」就要離開，他大聲地叫住我。

「Master, Master, How much? How much?」

像是問我要多少才換。

不，我不換。我默默走著，他又叫我：「八盧比二十披索！」

十美元的話就是八十二盧比。機場的銀行是七十六盧比，多出這六盧比挺划算的。但是我此刻無意換錢。背對著他搖頭，他拚命地叫著。

「How much? How much?」

這就是印度式的討價還價嗎？我有興趣，停下腳步，反問他：「你給多少？」

「多少都可以。」

他要我先出價，怎麼都不說出具體的數字。不透露底價似乎是印度商法的鐵律。可惜他是人力車夫，不是真正的黑市匯兌者。我一裝模作樣說要走時，他就慌忙地開出一個新數字。這情形反覆幾次後，終於抬到八盧比五十披索。這時，在旁邊一直笑嘻嘻看著我們交涉的嬉皮插嘴說：

「再多恐怕不行了。」

「行情就是這樣嗎？」

「不，是可以再多一點點，但他只是仲介的仲介，總不能連佣金都虧掉吧！」

他這麼一說，我也想到賺日薪的他們是不可能有多餘的盧比。

知道大致的匯率後，我說「下次吧」，就離開那裡。

「Master, Master!」

聽到他悲傷的呼喚，我覺得剛才讓他懷抱期待實在有點差勁。

3

去達卡的年輕人和醫大學生在飯店房間裡收拾行李。馬上就要退房了。我也急著把東西塞進旅行背包。

和去達卡的年輕人在飯店前分手。他沒有要我們感謝他讓我們住豪華大飯店的樣子，非常灑脫地坐上計程車趕去機場。那種灑脫讓人感覺很舒服。

我們兩個開始走向沙達街。醫大學生問我接下來怎麼辦時，我告訴他要去廉價旅館林立的沙達街，他理所當然地和我並肩而行。我不是不嫌麻煩，但又不能對他說「別跟著我」。他還是個大男孩，心虛無依的樣子很明顯。我不能丟下他不管。但我還是覺得這樣子就很難住進救世軍的大通鋪了。

救世軍旅館門內不見剛才那嬉皮的身影。看來是找到床位了。接下來該輪到我了。可是醫大學生恐怕進住無望。我正迷惘該怎麼對他說時，他開口了。

「這裡怎麼樣？」

他指著救世軍對面的一家乾淨小旅館。有壯觀的圍牆、寬敞的院子，價錢顯然也不便宜。我猶豫不決，醫大學生興匆匆地走進去。我無奈之下跟著進去，問櫃檯職員房間價錢。雙人房要七十三盧比，一個人三十六盧比五十披索。比大通鋪的價錢貴很多。看過房間，確定有衛浴設備和床鋪有彈簧墊後決定住下。

我想去觀光諮詢處弄份加爾各答的地圖。櫃檯告訴我從喬林基路直直向南走就到。醫大學生說也想查一下瓦拉納西（Varanasi，即貝那拉斯〔Benaras〕，印度教聖城——譯注）

和阿格拉（Agra）的地圖，要跟我一起去。我們把行李放在房間，走出旅館。

艷陽高照，喬林基路行人熙來攘往。我們在人潮中穿梭而行，發現印度人其實有多種膚色。有的人像是塵土般的淺褐色，有的人近乎漆黑。不只是膚色，連相貌也千差萬別。我們對印度人的刻板印象是膚色黑、五官立體的俊男美女，但街上行走的人並非個個都是俊男美女。仔細觀察，並沒有眸子黑亮、睫毛密長、鼻梁高挺、嘴角洋溢著獨特甜美味道的人。似乎，俊男美女所占的比率在任何人種中都無多大差異。在日本見到的印度人都很美，從他們能夠來到日本這事本身就明顯可知，是因為他們屬於上流階層，言行舉止都相當優雅的緣故。

我一邊想著這些、一邊望著路上行人時，發現一個奇妙的現象：膚色越黑的人穿著越寒酸。那情形近乎殘酷地顯而易見，似乎膚色和服裝的好壞之間有相當密切的關係。

再次孤獨一人

走到身體冒汗時，終於來到觀光諮詢處的辦公室。一個奇怪的日本人主動跟我們搭訕。

我們索取印度全圖、加爾各答分區圖和瓦拉納西、阿格拉的觀光指南時，坐在角落的日本人走過來問：「要去加德滿都嗎？」

突如其來的問話嚇我們一跳，聽他說明後覺得頗有道理。

他也是旅行者，三天後就要從加德滿都搭機返回日本。但是，他在印度買了大量民俗樂器如西塔琴（sitar）等，入境尼泊爾時要課關稅。因為海關認定他不是自用，而是商業買賣用。如果能分由幾個人帶進關，或許不用課關稅。因此，問我們要不要一起去加德滿都，去的話，他替我們出一半機票錢。

「那些樂器全部都自用嗎？」我問。

他表情更誠摯地回答：「音樂家朋友托我買的。」

但是，這個看起來實在像老印度的人似乎確實靠印度賺錢。或許剛開始時只是為了喜歡而到印度，不久便迫於需要而經手一些商品賺點小錢。不知不覺中變成本業。他的臉著實滲出掮客的狡黠。

我說昨天才來到加爾各答，不想馬上離開，拒絕了他，但是醫大學生卻很感興趣。

「去看看吧？」

「可是，這城市還沒好好走一遍呀。」我說。

醫大學生不爽地說：「加爾各答我已經看夠了，我最想去的是加德滿都，而且，加爾各答回來時再看也可以。」

在同樣的土地上一起行動，感受因人而異。我在來時路上就想著這個問題。加爾各答這個城市真的只要走上一小段路，就會碰上一般人一輩子也遭遇不到的淒慘光景、湧起一輩子也想不通的激烈複雜思緒。多麼刺激的城市啊！我究竟要在這城市停留多久才會滿足呢……。

那人怕錯失機會似的拚命遊說醫大學生。說他很熟悉加德滿都，可以介紹便宜的旅館，帶他去好玩的地方。

「去吧？」醫大學生這次清楚地說。

醫大學生已經有意去加德滿都，我雖然擔心怕他捲入麻煩事，但那個人也不像是壞人。他接著想說服我，一看我完全沒那份意願後立刻放棄，轉邀醫大學生去印度航空的辦公室。大概是想趁學生還沒改變主意前先買好機票。

「你怎麼樣？」醫大學生問我。

「先找地方填飽肚子再說。」

我一說，醫大學生才想起早起到現在什麼也沒吃，嘀咕著「一起去嗎？」那人大概擔心他跑掉，告訴我們有家他常去的餐廳，建議去那裡吃。

「印度菜？」

「當然。」

「不貴嗎？」

「當然。」

於是，我們到那家店去吃早午餐。

正是午餐時間，店裡客滿。一進店裡，香辛料的味道夾雜著炸油味和餿牛奶味撲鼻。天花板上的大吊扇慢慢旋轉，吹送微溫的風。到處是蒼蠅。像極了印度餐館，感覺也不壞。客人中有穿長褲白襯衫的上班族男人，也有穿著寬鬆棉衫的富泰的商店老闆，不見一個女人。

這是我們第一餐正宗印度菜。不知道點什麼飯菜。那人會說孟加拉語的單字，我們決定咖哩的種類後，剩下的就靠他了。

不久，端到面前的是咖哩羊肉、炸麵包、米飯和冰奶酪。咖哩沒我想像的辣，雖不難吃，但也說不上美味。

頭上蒼蠅成群，飛到菜碟子裡。趕都趕不完。醫大學生神經質地拚命揮趕，我在一半就放棄了。不是因為認為沾滿蒼蠅的食物特別美味，而是發現這些執著食物的蒼蠅在廚房時就不可能錯過這些菜。在這裡再揮趕已經遲了。看看四周，沒有一個人和蒼蠅奮戰。看來，在印度要生存下去，必須有這種達觀不可。

算帳時，我還天真地期待那人會請客，但他先付帳後，再要我們各給他三分之一。這雖是理所當然，但我覺得他這種行為特別窮酸。

之後，他開始到處奔走。先到印度航空預約機位，要求行李重量給個折扣，又繞到印度文化關係的駐外單位，死乞百賴要他們背書他買的樂器不是商業用而是為文化目的。

我一路陪同，覺得實在很蠢，於是和他們分手。醫大學生覺得那樣四處奔走很好玩，打算今天一整天都跟著那人。他已完全依靠那人。就在不久前我還嫌他纏著我不放有點煩，一旦他和別人走開了，我又感覺寂寞起來。而且，在現實面我也有困擾。我明天必須另外找家旅館。因為兩人同住，才住現在的房間，我一個人負擔不起七十三盧比一晚。心情因而有點憂鬱。

我知道，旅行有個伴還是挺方便的，房錢可以分攤，吃飯可以不必孤獨沉默。想到這些，就開始覺得那醫大學生只是還沒習慣旅行，他並不饒舌，也不愛故弄玄虛，其實是個不壞的旅伴。我當然也知道，這種情緒只是我孤獨長旅後的一點心虛罷了。

我暫時先回旅館。

途中，看到馬路的工程現場在舉行某種儀式。我湊過去打聽，原來是地鐵動工典禮。典禮結束，分送參加人士印度點心和可樂。剛才為我大致解說的年輕技師也拿來一份請我。可是當場享用這些東西令我有些猶豫。因為旁邊有數十名工人羨慕地盯著我。雖然點心還剩下很多，卻絕不分給實際承擔工作的他們。我覺得過意不去，要把點心遞給附近的一個工人時，那年輕技師拂開我的手，說別管閒事、這樣會成習慣。

數十個工人一擁而上，爭奪散落在泥土地上的點心碎片。我默默地離開現場。回到沙達街，尋找明天起要住的旅館。但包括救世軍賓館，所有廉價旅館都客滿。即使找到難得還有空位的旅館，我說明天住進來時，他們就不高興地說明天再來。明天是明天的事。我也逐漸認為，明天的事明天再擔心可矣。

第二天早上，醫大學生啟程往加德滿都。

我把行李放在房間裡，再到沙達街一帶找廉價旅館，不巧，到處都客滿。我垂頭喪氣地回旅館，收拾行李到櫃檯打聽。

「這附近有別的便宜旅館街嗎？」

「你不是要去加德滿都嗎？」櫃檯的中年男人意外地問。

「只有我朋友去，我打算暫時留在加爾各答。」

那為什麼要搬出這裡呢？我說一個人負擔不起房間費用後。他就說既然這樣，你就付一人份的房錢好了。也就是只要付一半的房錢。旅館方面認為收一半的錢總比房間空著好，我則把它當作是印度人的善意，高興地接受他的建議。

從那天開始，我就以這家李頓旅館（Lytton Hotel）為據點，穿梭加爾各答的大街小巷。

沙達街確實是個方便的地區。四周有好幾家餐館。我高興的是也有幾家口味道地的中國餐館，吃膩了咖哩還可以吃炒飯、湯麵。

4 迷上黑市交易

附近還有一個叫做新市場（New Market）的大商場，日用雜貨、土產到管制品都有。新市場不只供應物品，也買賣黑市美元，裡面有幾家商店老闆兼做買賣美鈔。從沙達街走到喬林基路，必定有他們的手下過來搭訕。

「Master, change money?」

他們沒有實際換錢的財力，只是咬住有興趣的對象不放，談妥匯率後帶到新市場的老闆那裡。

我第一次換黑市盧比，是在醫大學生去加德滿都那天下午。我正想著手上的盧比快要用完了、得想辦法時，一群在新市場附近電影院前徘徊的男人中有一個叫住我。他們也算是內部結構複雜的新市場私設導遊，他們幫特定商店拉客，也仲介買賣黑市美元。

「Change money?」

叫住我的是個鼻下留著鬍子、相當英俊的年輕人。

「匯率？」我問。

他說一美元八點四盧比。因為前一天那人力車夫一開價就是八盧比，我有點期待更好的價錢。但是他沒那種態度，既然這樣，我就不想換了，於是舉步離開，他果然「How much、How much」地叫著，開始老套的討價還價。我沉著地和他交涉後，從八點四漲到八點七。我想這大概是上限了吧，就決定以八點七的匯率成交。

「你要換多少？」

「二十美元吧！」

我回答後，他立刻問：

「你有二十元的鈔票嗎？」

「有啊……那又怎樣？」

「如果用一張二十元面額的鈔票可以換到八點七五。」

我問他為什麼，他說在黑市美元面額越大越受歡迎。

「如果是一張百元美鈔可以換到九盧比。」

我想大額紙鈔不是比較難用嗎，可是在印度好像不是這麼回事。或許因為是黑市，面額越大越容易攜帶。不過我不知道他是否真的值得信賴，何況我和百元單位的大鈔也無緣。反正，先以八點七五換二十美元再說。

他走在前面說「跟我來」，進入市場裡面。那時，我知道他只是負責將我帶到黑市商人那邊，不覺產生警戒心。因為去達卡的年輕人提醒過我，在換黑市美鈔時，絕對不可先交出美鈔，因為有些惡劣業者常會在你交出美鈔後配合同夥喊聲「警察！」就直接跑掉。還有就是盧比的鈔票太舊就不要，因為鈔票又破又舊，使用的時候沒有人要收。

新市場裡面的巷子又黑又窄，的確是騙了就跑的最佳場所。

他在幾乎沒有客人的冷清市場裡東繞西繞，最後停在一家店前。不知從事什麼生意，店裡只有堆積如山的空箱子。店內微暗。一進裡面，一個眼光銳利的大個子坐在櫃檯裡面。年輕人用孟加拉語快速跟他說明，大個子簡短地命令我：「Dollar!」

叫我給他看美鈔。這店裡不像會使用「警察來啦！」這種惡劣手法。我雖然戒心十足，仍照他說的乖乖把二十元美鈔遞給他。他戴上眼鏡，檢查那張鈔票。儘管那不可能是偽鈔，但看到他前前後後仔仔細細檢查的樣子，感覺自己好像在接受面試一般。不久，他點頭說「好」，我鬆一口氣，看他把二十元美鈔直接收進抽屜裡，趕忙說：「盧比！」

我也必須檢查盧比。他面無表情地把一百七十五盧比數好放在桌上。我一張一張仔細檢查時，發現一張又爛又髒的五盧比。我要求換一張，他聲稱這張可以使用。我堅決表示那你留著自己用，我不要。對方也不讓步。這樣僵持三十分鐘後，他終於屈服。爭執的結果，總是立場較弱的人認輸。這個時候，拿美鈔的我明顯是強勢立場，對方不得不屈服。換完錢，年輕男人帶我走出市場時，身體深處的疲勞一氣湧現。看看錶，光是這趟交涉就花了一個半小時。

但是累歸累，和印度精明商人的討價還價實在很刺激。我竟然上癮了，從那以後，只要一有空，就叫掮客帶我去找黑市商人。他們經手的重要貨品還有學生證。主要是製作假的學生證，從希臘到西方各國，擁有學生證可以享受許多優惠。博物館的門票半價，巴士票價也打折。這些都是聽沙達街認識的嬉皮們說的。

某天，一個掮客主動問我要不要學生證，我突然覺得想要。雖然四年前就大學畢業了，但也不至於看起來不像是學生。

走進導遊帶我去的店裡，我差點叫出聲來。這家店我曾經來過，和那肥胖貪婪的老闆冗長交涉後還是決裂。

這新市場裡的商人不僅賣東西，也買東西。向旅行者買各種東西，轉賣到別處，那次也是突然有掮客叫住我，問我有什麼不用的東西要賣？雖然身邊沒有不用的東西，但想到往後，覺得多增加一點錢也不壞。我考慮後，決定賣掉朋友為我餞別時特別廉價讓給我的尼康（Nikon）相機。當時那掮客帶我來的就是這家店。我把相機放在桌上，老闆先檢查機種，不久慢慢從抽屜裡拿出一份漂亮的印刷品。我探頭一看，是最新的尼康相機目錄。

我本來想在價錢上故弄玄虛，盡量賣多一點，沒想到反遭對方壓制，讓他掌握交涉的主導權。看似貪婪的老闆以相機相當中古的理由堅持只出定價的一半。我雖然買得便宜，但希望至少賣得跟定價一樣。我聽嬉皮們說，新品可以賣到定價一點五倍的價錢。我雖然堅持，但對方一步也不讓。交涉兩個多小時後我終於不耐煩，使出最後的手段，做出不賣了的假動作。我以為他會說等一等，可是我起身走出店後他也沒理我。到這地步我也不好意思再折回去，只好直接離開。

這間店就是當時那冷酷的店家。老闆好像也記得我，但表情絲毫不動。我問學生證多少錢，他用威嚇的聲音說四十盧比。四十盧比就接近五美元了，破天荒的價格。我說再便宜一點，老闆頑固地不肯降價。他拿出像郵票的印花說沒貼這東西就無效，要弄到這東西很費工夫。他傲慢的態度不變，就是不肯降價，我生氣起來，又是奪門而出。但老闆還是泰然自若。

我想扳倒那個老闆。在那附近找較便宜的學生證。我到市場外面，主動靠近那些掮客，請他們帶我去買學生證。但是一個掮客興匆匆拖著我去的還是那貪婪老闆的店。我沒進去，甩開掮客制止的手，這回找另外一夥掮客打聽。但是，那個掮客帶我去的還是那家店。

這下我只好認了。走進店裡，像認輸似的坐在老闆對面，他第一次咧嘴一笑。

加爾各答風情

我帶著類似在香港的狂熱，每天漫遊加爾各答的街道。

加爾各答這都市沒有什麼特別事物，但怎麼逛都不會厭煩。我去喬林基路的印度博物館，參觀耆那教的寺廟，拜訪詩聖泰戈爾出生的泰戈爾之家，看過一半的名勝。這城市確實沒有什麼。只有和活在這城市中的人相關的一切。

例如，路上或坐或躺、向行人伸手的乞丐身上，盤據著這世上所有的病痛。兩腿浮腫、皮厚如象的女人；兩腿膝蓋以下空空、手指也剝落潰爛的男人；脖子腫大像喉嚨卡著一個巨大足球的女人。經過一天，又會遇上新的病症。都是我們只能從教科書上得知、以為和自己完全無關的病痛。經過他們前面時，難免會覺得自己沒得到這些疾病只是單純的偶然。

又如，路上有和烏鴉爭食剩飯的老太婆，有賭向狗丟幾顆石頭牠才會叫的小孩，也有被牛偷吃要賣的青草的女人，甚至有利用老鼠做生意的人。

有一次，我漫步小學街時，看到路上堆著青草，旁邊坐著幾個女人。我猜那些青草是要賣的，但不明白她們手上拿著棍子的原因。我很好奇，駐足觀看後，終於了解是為什麼。她們在和那些沒有飼主的牛隻戰鬥。對不吃牛肉也不太吃肉的印度人來說，牛奶是重要的蛋白質來源，因此母牛是珍貴的財產，沒有功用的公牛只會消耗糧食，是個負擔。但他們又不能把印度教視為神聖的動物殺來吃。於是可憐的公牛就被趕到街頭，變成流浪牛苟延殘喘。賣青草的女人周圍團團擠著十幾頭流浪牛，一瞅到空隙就偷吃青草。牠們和人一樣非常飢餓。

賣青草的女人看到飢餓的流浪牛靠近時便揮舞棍子，雖然那不該是對待神聖使徒的行為，但是為了更大的利益，只好犧牲較小的利益。

一隻牛瞄準青草緩緩靠近。女人敲打牠背部，旁邊的兩三隻牛便緩緩後退。但是其他牛隻動也不動。

「啊呀！」

另一個女人大喊。一隻牛以相當快的速度衝過來。女人用棍子打牠，那隻牛像是做好死亡的心理準備，任憑棍子打在身上，還是銜了一口青草才逃開。女人惋惜地擊打牛的屁股，但對少掉的青草無濟於事。只好從分成幾堆的青草各拿一點過來，弄成每堆一樣多的樣子。當然，牛的世界裡也貫徹強者理論，瘦小無力的弱牛不能衝刺，只是擔任挨打的任務，只能撿食強牛掉落的一兩根牧草吃。

她們大概每天都要這樣和牛反覆爭鬥吧！挨打、逃走、被偷、打牛。簡直是戰鬥。儘管這是攸關彼此生存的激烈戰鬥，但彼此又像是奇異的共存。

又有一天，我想去某個地方，在麥丹（Maidan，綠地公園）旁邊的車站等車。但是每一班巴士都滿得連踏階都踩不上去。印度的年輕人還能緊緊攀著車門擠上去，我終究沒那本事。

我放棄坐巴士，穿過麥丹要回到沙達街時，看到一個賣椰子汁的男人。因為口渴，我要了一個。他拿起一顆人頭般大的椰子，用像是鐮刀的利刃靈巧地削去椰子的頂端，鑿開一個洞。我就著洞口咕嘟咕嘟地喝光椰子汁。印度的椰子價錢便宜，幾乎用來代替開水飲用。我雖然常喝，但味道不如想像的好。加冰塊喝或許是另一番風味，基本上椰子汁溫溫的，獨特的椰子油腥味留在舌尖。

穿過強烈陽光下萎垂的花壇和草坪之間，走在公園的小徑時，眼角突然像被什麼勾住。柵欄裡的黑色地面正在蠕動。應該不是地震。地面會動很不尋常。心想，我是不是熱昏頭了？我逕自走過，不經意地回頭一望。

一看，那是塊沒有花朵也沒有草坪的黑色土地。是剛剛挖起的嗎？到處都有洞，洞旁的土堆得老高。是要栽植新草坪吧！地面會動大概是我神經過敏。我這麼想，正要開步走時看到柵欄旁邊有個中年人向裡面丟東西。我很快就知道他丟的是甚麼。因為距離他不遠處也有個人背靠柵欄在賣花生。

果然是花生吧！我靠近兩三步，覺得奇怪，那人為什麼向土堆丟花生呢？

那時他正值丟出幾粒花生。花生落到地面瞬間，我全身冒起雞皮疙瘩。數百、數千隻老鼠從地洞裡跑出來。老鼠湧向花生、你爭我奪，不久，搶到花生的老鼠和沒搶到的老鼠一起在柵欄中奔跑。一大群溝鼠在柵欄中亂跑亂竄的情景簡直像地面在動一樣。奇怪的是，老鼠只在裡面繞轉，絕不跑出滿是縫隙的柵欄。跑過一輪後，老鼠鑽進洞裡消失不見。

我愣愣地站在那裡。

那人再丟花生進去，大群老鼠又跑出來、追逐、然後消失。這樣消磨了幾十分鐘，花生丟完後，他才意興闌珊地離開。但是我卻離不開那裡。

仔細觀察後，發現老鼠未必是為吃花生而跑出洞來。比起地下的空間，老鼠的數目顯然過多，當牠們都鑽進洞裡時便因擁擠難耐而跑到外面。追逐一陣子後，又向另一個洞穴衝鋒。一隻老鼠後面跟著數百、數千隻老鼠。我不知道牠們在洞裡面做甚麼，但不要多久，牠們又洶湧奔出洞穴。

有時候，老鼠會突然停止動作。這時，背對著牠們茫然望著遠方的賣花生人就朝背後丟花生。僅僅幾粒花生就會讓老鼠恢復動作，地面再度蠕動。經過的人看見那情形，就會向他買花生丟給老鼠。

我像在香港初次逛見廟街時般渾身發熱。

究竟這些老鼠和這賣花生的有什麼關係？我不敢相信他是擅自利用公園的花壇飼養老鼠。畢竟，這裡是印度第二大城市中心的大公園啊！

但是，公園裡確實有這麼一大群老鼠和靠牠們賺錢的人。而且，加爾各答人一點也不覺得這有什麼奇怪。這些老鼠為什麼能存在這種地方？市民又為什麼容許牠們存在？我百思不得其解。柵欄中奔繞的老鼠身影確實讓我受到「這就是加爾各答」的強烈衝擊。

我猛然想到，或許在這印度，凡事都不需要解釋。只要觀看就好。

加爾各答什麼都有。有悲慘的事物，有滑稽的事物，有崇高的事物，也有卑微的事物。但是這一切於我，都是懷念、甚至敢說是愉快的事物。

天一黑，城市常常停電。馬路的對面燈火通明，這邊卻是一片漆黑。在這突如其來的黑暗中，仰賴天空些微的亮度步行時，總會湧起心痛的懷念感。

我小時候住的東京，也常常在天黑後停電。餐桌上點著蠟燭，一家圍桌吃飯。搖晃的燭焰把家人的影子大大地映在牆上，更突顯了真人的小，因而也加強了家人之間的親密感。停電的夜晚，餐桌上即使沒有什麼好菜，仍有著和平常日子不同的快樂。

我覺得，在加爾各答，小孩們和討厭停電的大人不同，會在黑暗中感受到小小節慶時的興奮。

說到懷念，加爾各答小孩穿的粗布衣裳也令人十分懷念。在沙達街一帶玩耍的小孩，穿的衣服又髒又破、滿是補丁。我在他們這個年歲的一九五〇年代初期，也穿著類似的服裝穿梭奔跑大街小巷。當時因為大家都窮，穿得破爛也不覺得丟人。放學回家後，扔下書包就衝到外面，不玩到筋疲力盡不會回家。衣服沾滿汗水泥巴，第二天照樣穿去上學。每次看到加爾各答小孩那破爛衣服裡露出的瘦細四肢，就讓我想起那一無所有卻自由奔放的時代的幸福。

漫步街頭，有些面熟的小孩大聲招呼我。

「Master!」

那些招呼沒有意義。只是表示親暱之情。

「Master! Master!」

每次聽到他們含笑的聲音，彷彿也聽到自己在遙遠歲月裡迴響的笑聲。

一看到路上嬉遊的小孩，就想起自己的少年時代。但是他們和我們不同的是，他們總要做些工作。他們是在工作中逮到空檔就玩。能這樣做的小孩或許還能歸為幸運的那類。沙達街上有許多不能去玩，還要牽著更小的弟妹，向行人伸出無力的手的小孩。

有一次，在中餐館吃過晚飯，閒逛回旅館時，一個男孩抱著弟弟站在我前面，無言地伸出手。我搖搖頭走開，他也跟著我走。因為步幅不同，他幾乎是用小跑步的。繞過一個轉角、又繞過一個轉角，他還沒死心。我停下來，用略帶強硬的語氣說「No」。

男孩幾乎不帶感情的眼睛仰望著我，我受不了，又開步走。他還是伸著手默默的跟著。我停下來，他也停下來，我開步走，他也跟著走。我知道只要給他錢就能結束這種淒慘的追隨。但我就是做不到。我也知道隨便跑進一家茶店、或是跑回旅館就能簡單解決這事。但又覺得這對拚命跟著我的他來說太過卑鄙。除了走到他死心放棄為止，別無他法。我覺得無止無盡跟著我的他有點可怕，以近乎絕望的心情不停地走。

又有一次，是個七、八歲的女孩跟著我。我終於心軟，停下來想給她一點小錢時，她突然小聲說「十盧比」。我還是頭一次碰到乞丐指定金額，而且是十盧比的大錢。我搖搖頭走開，她趕忙繞到我前面，改口說「六盧比」。我又搖頭，她跟著降到五盧比、四盧比、三盧比。那時，我才了解她的意思，她是在問我願意用那些金額買她的身體嗎？

還只是七、八歲的小女孩，就以這區區三盧比的金額出賣肉體。她這樣出價，一定有人買她吧！

凝視她的臉，無以名狀的感慨湧上喉頭。這個女孩大概跟我在香港仔遇見的陳美華差不多大。那時陳美華問我等一下是否要買女人？但現在這個小女孩卻要求我買她。

我給女孩三盧比，說聲「goodbye」便走開，女孩要跟著我。我怎麼用手勢告訴她「不用了，這些錢是送妳的」，她還是不能理解，沒辦法，我只好用跑的遠遠離開那裡。

我覺得香港有光有影。光的世界越是明亮璀璨，形成的陰影越是濃鬱幽暗。但在加爾各答住過幾天後，竟感到我在香港看成是陰影的，在這裡仍是耀眼的光燦。

5

在加爾各答停留約半個月。第十七天坐上北行的火車，也是出於偶然。

我旅館房間隔壁住著一個尼泊爾青年。櫃檯的歐吉桑說他好像是尼泊爾的網球選手，來參加加爾各答舉行的錦標賽。他似乎把全副精力都花在市內觀光和採購上。我不知道尼泊爾有職業網球選手，他是真的職業選手嗎？還是第一回合就敗下陣來，才有這麼多時間。

有一天我碰到他，隨口問起，他說他不是職業選手，還是學生，而且第一場比賽就輸了。他還說他是有輸的心理準備而以觀光心情來的。我說，難怪你整天忙於觀光和採購。我這麼說後，他不但沒生氣，反而笑起來。那天以後，我們變得親近而常常交談。他開朗又不怕生，彼此用蹩腳的英語交談，一點也不無聊。

他說要回加德滿都。他是尼泊爾富裕人家的子弟，是坐私家車來加爾各答的。他約我一起坐車去加德滿都，我雖然心動，但仍想從加爾各答展開自由自在的火車之旅。我說明後，他愉快地表示了解，跟我說隨時歡迎我去加德滿都。我也承諾一定會去加德滿都，然後目送他離去。

尼泊爾青年走後，我突然感到寂寞起來。雖然是自己拒絕邀約的，但還是有被棄的感覺。我像往常一樣在街頭閒逛，不知為什麼就是提不起勁。我隱隱感到，是不是離開加爾各答的時候到了？

但是要去哪裡，我茫無目標。

我攤開印度全圖，呆呆地看著。從南向北唸著都市的名字，眼睛停在帕特那（Patna）。在加爾各答北方四百公里吧！名字唸起來好聽，又接近加德滿都。先去帕特那看看吧……。

尼泊爾青年走後的第二天，我到豪拉（Howrah）車站去觀察火車。不是去看火車時刻表，而是想知道印度火車擁擠的情況。如果坐頭等或二等車廂，可以到外國人專用的接待處預約，但是我想坐不需預約的三等車，實際了解一下傳聞中的印度火車三等車廂有多擁擠。

從喬林基路向北，通過達爾豪斯（Dalhousie）廣場，就是加爾各答有名的批發街。這一帶的雜亂總是讓我興奮。滿載商品的貨車來來去去，人力車穿梭在行人之間，扛著重貨的腳夫彎身向前地走著。這裡的腳夫費是一哩路兩盧比，是街上遇到的一個奇怪傢伙主動告訴我的。

那個人實在是個獨特的人物。

有一天，我在麥丹看過老鼠的追逐秀後，閒逛喬林基路時，一個男的向我搭訕。他自稱是船員，因為暫時不出海，不知如何打發時間。他說，像你這樣來自國外的旅人總是不知所措，我就帶你參觀這城市吧！我並沒有不知所措，不會被他牽制，但既然不收費，我也沒理由拒絕他的好意。

他帶我參觀清真寺、教堂、有銅像的廣場後，就建議去哪裡吃個飯。正好天也黑了，我的肚子也餓了。我一說好，他就問我想去哪裡吃？我說像加爾各答的地方。他點點頭，帶我去一家叫做沙伯伊的餐廳。女客在屏風後面的隔間吃。這家餐廳比街上的定食餐館高級許多，飯菜也確實可口，但是算帳時他機敏地躲起來。當然我是打算請客的，但是那樣明顯被騙一頓飯的感覺仍讓我有些不爽。

回旅館途中，他跟我要一根菸抽。我說沒有。他執拗地說，何必呢，一根菸罷了！我口氣有點強硬地說，我不抽菸，這時他也大聲嚷嚷說，我今天一整天為了你走了多少路，就是最廉價的腳夫一哩路也要兩盧比，就算給一整包菸也不為過。我聽了有點生氣，怒吼說沒有就是沒有。然後又說，我知道了，你是要我一哩路付兩盧比不成？但是我也沒有請腳夫吃飯的道理，你也該付剛才一半的飯錢給我。我說完後，他嘀嘀咕咕地賭氣轉身離去。

有意思的是，第二天他又沒事一樣到旅館找我。我問他有什麼事，他說你昨天不是說想看沐浴嗎？我現在帶你去胡格里河（Hooghly River，印度聖河恆河支流——譯注）盡情看個夠。我啞然無言。但立刻又對他的厚臉皮感到興趣，決定和他一起出去。

從那以後，他每天都來。我心情好時就和他應酬一下，但拒絕的時候多。他毫不介意，照樣每天來邀我做這做那，最後總是要求什麼。每當我說沒有、不行時，他就氣沖沖地回去，但第二天早上又來。我也不是不嫌煩，但是對他的厚臉皮、對印度人那只一句厚臉皮不足以解釋一切的獨特個性感到極大的興趣。或許對我來說，在加爾各答，他是和我關係最深的印度人了。

不論如何，在我第一晚和他的爭論中，腳夫走一哩路收費兩盧比的數字刻進腦子裡了。

穿過批發街，步上又長又大的豪拉橋。因為雨季的關係，泥黃的胡格里河流速相當快。過了橋就是車站。站前廣場像是難民部落，看不出是等火車的乘客還是遊民。夫妻帶著孩子蹲在大件行李旁。老人躺在布上。還有抱著嬰兒生火架上鍋子的女人。

我想穿過那地方進入車站內，看見一個瘦弱小孩光著屁股拉屎。他像是瀉肚子，像水一樣的糞便流個不停。小孩茫然地望著天空。充滿悲哀的光景。但我無法移開視線，一直看著。我想今後在這片大地上，如果不敢正視眼前一切，將寸步難進。

三等車廂

翌日，我坐九點三十分開往帕特那的慢車。

從加爾各答到帕特南，票價二十盧比九十五披索，約七百三十日圓。以五百一十公里的距離來算相當便宜。但是我坐的三等車廂的慘狀勝過傳聞。

出發前一天，我到車站觀察過擁擠的情形，判斷這種情況我還可以忍受，但是實際坐上車以後，感覺大不相同，車內的混亂和悶熱簡直無以想像。我硬撐了兩個小時總算有了回報，坐到一個位子，但是陸續上車的乘客不但擠滿通道，也擠滿車廂連結的平台，連上廁所都相當困難。車窗很小，風不易吹進來，車廂頂的電風扇也不轉，椅子還是硬板凳。但是我不後悔。雖然肉體受罪，收穫也不少。

仔細觀察周圍乘客的行為，我自然而然地明白了在印度坐火車的方法。

例如，乘客一找到自己的位子，就將皮箱放到行李架上，再用帶鎖的鍊子和架子鎖在一起。離開座位時不僅對鄰座的人、也對周圍的所有人說：「拜託照顧我行李一下。」

又如，我也發現那行李架是三等車廂中最舒適的座位。緊跟著我上車的年輕人不管車廂內還有空位，把行李推上架後，自己也爬上去。我好奇地看著，原來比起下面侷促狹窄的座位，那細長的空間還能伸展雙腿躺下。只要有人盤據在那上面，後到的乘客就不會勉強把行李放上去，另外去找一個空行李架。

坐三等車廂，最好的是乘客都很親切。座位是三人座相對，基本上坐六個人。但是我們這塊空間擠了八個大人和一個小孩，一共坐了九個人。我這排是年輕夫妻帶個女孩、還有一個中年婦女。對面那排是初老男性帶著兩個年齡不詳的男人，還有一個像是去朝聖的老人。那位初老的男性特別親切。

他拚命用不太精準的英語跟我說話，又翻譯給旁邊的人聽。我不知道他為什麼那麼親切。如果單純只因為我是外國人，那麼在日本時的我實在汗顏。

火車一靠站，他就在窗口叫來小販，買炸薯餅和紅茶。印度紅茶多半是濃稠的奶茶，車站賣的較淡，裝在陶土杯子裡，喝起來微帶土味。印度人喝完茶，就把陶土茶杯從窗戶丟出去摔個粉碎。我覺得這杯子樸素而有魅力，不解為什麼要這麼浪費摔碎呢？如果想成是大地的東西還諸大地，好像也有道理。一杯茶三十披索，約十日圓，是悶熱車廂內唯一的水分補充來源。

他們知道我是日本人後都很感興趣。各種問題毫無脈絡地亂飛，那時，坐在我這排的中年婦人問我要去哪裡。我說票先買到帕特那，並沒有特別目的，途中如果有什麼好地方也想下車看看。我一說完，在座的人開始議論紛紛，有的說到那裡好，有的說應該到這裡。

「去王舍城好。」

說這話的是先前一直沉默的朝聖老人。聽說王舍城（Rajgir）有日本寺廟，旅行者可以免費投宿。這是傳聞。他好像知道我沒什麼錢。

「既然那樣，去菩提迦耶更好。」凡事不插一嘴便覺得不舒服的中年婦人說。

「菩提迦耶？」

她的發音不清楚，我問了幾遍還沒聽懂。那初老男性便拿出地圖，指出那個位置，原來是我們日本人說的佛陀迦耶。

「菩提迦耶嗎？」

我才說完，那中年婦人就劈哩啪啦說上一大串，根據旁人生硬的翻譯，知道菩提迦耶（Bodh Gaya）有各佛教國家的寺廟，也都免費供宿。

我知道菩提迦耶是佛陀釋迦牟尼悟道的地方。

佛教有四大聖地：分別是佛陀的誕生地藍毘尼園（Lumbini）、悟道地菩提迦耶、說法地鹿野苑（Sarnath）、圓寂地拘尸那（Kushinagar）。這些是在高中世界史上讀來的。王舍城也有日本寺廟，看來也是佛教聖地之一，但是我想看看佛陀悟道處是甚麼樣的地方。

「去菩提迦耶嗎……」

我呢喃著，勸我去王舍城的朝聖老人也沒反對，大家開始指導我去菩提迦耶的方法。

菩提迦耶是從迦耶鎮（Gaya）再往裡走的小村。要去迦耶鎮，需在帕特那前一站的基爾下車，再轉搭數小時的巴士。雖然有點費事，但只要目的地明確，我不以為苦。而且我在風吹水流、置身於偶然的旅行中，嘗到某種快感。

前往菩提迦耶

到達基爾時已經晚上八點半。連續坐了十一個小時的火車。從加爾各答一起上車的乘客，包括親切的初老男性和話多的歐巴桑都在途中下車，每個人下車時都交代新上來的乘客，到達基爾時要提醒我下車。

換乘火車的基爾站月台一片黑暗。到處是或蹲或躺的人影，不知是不是在等火車。接近十點時開往迦耶的火車終於駛進月台。我一上車，就以不輸印度乘客的速度把背包推上行李架，人也跟著爬上去。

行李架比我想像的舒適。雖然有其他乘客的行李，四肢不能盡情伸展，但能躺下來就值得慶幸了。

我枕著背包睡覺。我望著下面的乘客，連聲說著迦耶、迦耶，請他們在抵達迦耶前叫醒我。但是他們好像都聽不懂，每個人表情都怪怪的。萬一坐過頭也就認了。我做好心理準備，閉上眼睛。

迷迷糊糊中被人叫醒。好像快到迦耶了。我很高興他們能夠理解我的意思。但是抵達迦耶後，所有乘客都魚貫下車。原來這輛車就只開到迦耶。

迦耶和基爾一樣一片漆黑。月台上一樣睡著人。

看看錶，凌晨三點。去找旅館時間已然太晚，但此刻也沒有巴士。總之，得找一個地方等待天亮。但是車站裡面別說是候車椅、就連水泥地板和通道都有人占據。我放棄在車站等候天亮。

我想，先出去車站再說。剛踏出車站，我不禁倒抽一口冷氣。站前的漆黑廣場上，露天野宿躺在地上的人上百成千。有用髒布裹著全身而睡的男人；有懷中嬰兒還含著乳頭就已睡著的女人；有圍著全部家當般大件行李而睡的一家人；有慎重抱著一個小袋子而睡的老人……。不只是人，也有屈著四肢趴睡的野牛。

車站周圍似乎沒有可以等到天亮的適當場所。雖然別的地方會有，但此刻在這幽暗的小鎮裡徘徊是不智的，最重要的是我嫌麻煩。

我迷惘不知該如何時，突然起意，我也露天而睡如何？那不是很危險嗎？未必不會遭到旁邊的人襲擊。繼而一想，這裡有那麼多人，應該不會發生那種事情。說不定比差勁的旅館還安全哩……。

我因為長旅而累癱了，不想再動腦筋。覺得睡行李架和打地鋪沒什麼差別，我盡量找個全家人睡在一起的地方，在旁邊鋪上墊子。把上衣用毛巾捲好當作枕頭。

一躺下來，星空像是覆蓋在身上般看起來好近。不久，泥土的微溫透過墊子傳到身體。在大地溫熱的溫柔裹覆下，隨著緊張感的消除，和數千個印度人在同樣的天空下過夜，讓我感到一股不可思議的安詳。

迷迷糊糊中，天空開始泛白。我起身環視四周，廣場上的人慢慢起來活動。到處有人生火冒煙，有的女人已開始煮飯。牛群也開始走動。睡在我旁邊的一頭母牛醒來後用頭頂醒睡在身邊的小牛。牛犢搖搖晃晃地站起來，走到人跡較少的廣場邊緣狠狠灑下一大泡尿。那樣子和人完全一樣，讓人微覺好笑。

廣場開始生氣蓬勃，才清晨六點。巴士還不像要開，但我還是必須先趕到巴士站。我扛起背包，開始走路。

從廣場出來，好幾輛三輪車停在那裡。

「先生，三輪車？」

一個車夫叫我。我搖搖頭，他問我去哪裡。

「菩提迦耶。」

「坐這個去嘛！」

我說要坐巴士去，拒絕了他，他像要阻止我似的說，從這裡走到巴士站要三十分鐘，坐三輪車也要十分鐘。

「真的？」

那實在有點可疑，但其他車夫都點頭說是。既然這樣，乾脆直接坐三輪車去菩提迦耶較快，或許也較便宜。

「到菩提迦耶多少錢？」

「五盧比。」

「開玩笑！」

我邁開步伐。

「先生，你要多少？」

他叫住我，照例又開始討價還價。從五盧比降到三盧比、兩盧比，但我還想殺價。我裝出不滿意的樣子要走開時，他近乎慘叫的聲音說究竟要多少才行？

「一盧比。」

我回答，車夫像懶得理我似的皺著臉，嘀咕一聲，像是說滾開。看他生氣的表情，我猜到菩提迦耶的行情應該超過一盧比，但我必須找別的車夫。

我走到稍遠的地方，看到一輛孤零零等候客人的三輪車。實在像遭同業排擠般孤立，我不覺主動招呼他。

「多少錢去菩提迦耶？」

「兩盧比。」瘦削的車夫怯怯地說。

這次從兩盧比開始討價還價，殺到一盧比五十披索。但我決定只出一盧比二十五披索，因此繼續殺價。其實我是沒多大耐性的人，但是來到印度以後，變得連自己都訝異得亂有耐性和人討價還價。這時，我也是盤算，只要中午到得了菩提迦耶就好，價錢務必要合我的意。

車夫終於認輸，接受我開的價錢。

但看著車夫吃力地踩著踏板向菩提迦耶前進時，我開始為自己堅持一盧比二十五披索的價格後悔。

我以為從迦耶到菩提迦耶只是短短十五、二十分鐘的距離，但是一直走一直走仍到不了。

前行許久，看到村落時以為到了，車夫在這裡只休息片刻就又踩起踏板。汗涔涔地在暑熱天氣下賣力踩著踏板。三十、四十分鐘過後還沒到。這樣的距離只給一盧比二十五披索、不到四十五日圓，實在說不過去。我之所以堅持一盧比二十五披索，是不願意讓車夫當我是觀光客敲我竹槓甚於捨不得金錢。那樣無聊的計較結果，卻以不合理的價格苛馳這瘦削的車夫。

一個小時後，終於抵達菩提迦耶。

我有意為自己的固執道歉，在一盧比二十五披索外另外加二十五披索的小費。一盧比五十披索是他最後的要價。我想他雖不至於大喜過望，但會回我一句謝謝吧！

可是，像嘲弄我的感傷般，車夫大言不慚地說講好是兩盧比的。我對他的說法非常生氣，既然這樣，我就只付一盧比二十五披索。於是，又像上車前一樣開始冗長的討價還價。在這無止境的持續爭執中，感覺到自己似乎真的以這印度式交涉為樂。最後以一盧比五十披索的價格搞定，我終於能靜下心來好好觀賞四周。

三輪車聚集場前是個巨大的石造佛塔，旁邊高大的菩提樹枝繁葉茂。那不可能是釋迦牟尼悟道的同一株菩提樹，但是具有不由得大家不信的風格。

我茫然望著，一個小孩走過來，問我要買念珠串嗎？流利的日語嚇我一跳。或許這個佛教聖地，日本觀光客常來。我說不要後，問他日本廟在哪裡？

「Japanese Temple，日本寺啊！」

我隨著他指的方向望過去，寬廣的空地那端確實有座日本風格的寺院。

走近一看，是棟相當宏偉的建築。一進門，要求參觀後，裡面出來一位僧人，是個如假包換的日本和尚。我問是否能夠投宿？出乎意料地輕快答應。

他帶我到擺放雙層床鋪的房間，沒有其他宿客。裡面非常清潔舒適。我躺在床上，就這麼睡著了。

6

菩提迦耶是個平靜祥和的農村。我從加爾各答的興奮中甦醒，悠閒地享受日本寺內的食客生活。

印度山日本寺（Indosan Nipponji）真的是個容易寄居的地方。投宿的條件只是參加早晚課以及自煮自食兩樣。

作早晚課並不辛苦。因為這間寺廟是好幾個宗派合建而成，因此早晚課也折衷簡略化，誦誦般若心經就可以混過去了。

此外，住了一陣子後，常常應邀與和尚一起進餐。過去，我幾乎不曾思念過日本食物，但是飽餐熱騰騰的米飯加上納豆秋葵時還是很感動。

日本寺裡有三個先我而到的日本人。一對持續拍攝西藏人的年輕攝影師夫妻和迦耶大學的日語老師。但攝影師夫妻很快就去達蘭沙拉為達賴喇嘛拍照，因此我和單獨留下的日語老師變得親近。不過，他——此經啟助——雖然放棄日本大學的助教職位來到迦耶，但不知怎麼陰錯陽差，派令還沒下來，已經半年了還沒站上講台當成日語老師。

此經本來不是日本寺的食客，而是和一個印度小孩同住在附近的簡易招待所。他的老師認養了一個印度小孩，希望帶回日本求學。剛好此經來到印度，可以先教這位叫阿修卡（無憂）的小孩一些日本語文，將來去日本時也不會困擾。可是阿修卡因為身體不好，暫時返鄉養病，此經也暫時離開簡易招待所而寄居日本寺。對他來說，日本寺裡的食物是最大的魅力。

此經說，和阿修卡的共同生活像是不用武器的戰爭。生長環境完全不同的兩個人在狹窄的房間裡共同生活、自炊自食，不因為對方是小孩就沒有衝突。為什麼不努力讀書呢？不，我有讀。這樣單純的事總形成否定彼此的存在和文化的激烈言語爭執。阿修卡身體不好，不無是那種精神緊張的結果。

但是此經完全沒有為人師者的傲慢，是個非常熱情謙虛的人。阿修卡認為只有給他東西的人才是朋友。此經唯一的期望，是設法讓他知道這是錯誤的觀念。

此經做完功課後就坐在大殿走廊，望著地平線湧起的烏雲、閃電伴著雷聲閃過的天空，滔滔不絕訴說他的經歷。

他以前住的招待所裡有個靠跑腿維生的孤兒。雖然是小孩，卻是個抽菸喝酒、生命力旺盛的小孩，此經偷偷幫他取了個名字「哈克貝里」（《頑童歷險記》的主角名）。有天晚上，阿修卡拉肚子，撒嬌說要買這個想吃那個吵個不停時，此經聽到中庭傳來悲傷的哭聲。他望向窗外，哈克貝里正把臉埋在膝蓋裡哭著。那孤立無助的身影讓此經大受衝擊。就只是這些話，但我心裡湧現的是此經為那哭聲心痛的模樣。

除了作課時間，日本寺裡靜寂一片。但酷熱的季節一過，雨季結束，氣候穩定的冬天將要來臨時，來自日本的朝聖團也在這裡掀起騷動。日本的朝聖者一出現，當地小孩便開始狂奔兜售念珠串。聽說這是釋迦牟尼悟道的菩提樹子作的念珠，是聖地的最佳土產品時，每個日本人都會買下幾十串。

這村莊是以西元前三世紀阿育王（Aśoka）建造的摩訶菩提寺（Mahabodhi）為中心，散落著泰國、台灣和西藏等佛教國家建立的寺廟。如果沒有這些寺廟，菩提迦耶只是比哈爾邦的小窮村、沒有旅人來訪的地方。儘管如此，我卻感到這村中的一切都像灌溉我乾渴身軀的清水般親切。

一路流向迦耶的是傳說佛陀也曾沐浴過的尼連禪河。河畔是賣衣料、蔬菜、香辛料的小市場，角落有個打鐵鋪和在泥地上搭個屋頂的餐館。必須自己弄吃的時候我就到這裡吃套餐。

我從日本寺走向村裡的餐館時，迎面來個頭頂草籃的五、六歲小女孩。有點害羞地看著我，擦身而過後才聽見一聲「namaste」。

是「你好」的意思，我回頭一望，少女正面對著我。

「namaste.」

我說完，滿足地微笑而去。

再走不遠，看到幾個工人茫然望著天空。他們是在眺望夕陽。從遙遠的地平線到我們頭頂，層層堆疊的雲時時刻刻變換顏色。我也一起坐下，看著美麗的夕陽。抓到蛇揮舞轉動的小孩從面前走過去。

我再度往前走，遠遠聽到鼓聲。那是瞎眼的賣藝人打的鼓。

老瞎子把裝錢的小缽放在面前，安坐在佛陀的菩提樹蔭下。他豎著單膝，大腿間夾著鼓，擊打一陣。他有時用手掌打，有時只用手指敲，有時候用手腕配上節奏。在單調的響聲中，瞎子突然低聲吟唱。不是渾厚的音量，但他拉開嘶啞的嗓門時，那聲音像是匐匍在地、蔓延在印度無盡的紅色大地裡。

吟唱的瞎子固然不錯，但我更喜歡看著茫然時的他。四周沒有人時，他經常望著天空。身體縮得小小的，只有臉對著天空。微張的眼睛露出灰色混濁的瞳孔。那瞳孔茫然望著天空。

偶爾有人經過，他立刻擊鼓。但是行人沒有停止的跡象後，他又仰望天空。隔一陣子，再度敲起大鼓。這回即使沒有聽眾，他也開始吟唱。無止無盡地持續唱著數百數千年前的神話。不知從哪裡竄出來的小孩圍在四周，坐在地上聽他吟唱。

我聽此經說，有一天，這個老瞎子身邊來了個盲眼小孩，母親牽著小孩連來幾天聽老瞎子吟唱和擊鼓。這段期間，老瞎子沒跟小孩說一句話，只是吟唱、擊鼓。但他就那樣教會了小孩。小孩學得了生存之術，此刻或許也在某個地方擊鼓吟唱吧！

我一靠近，老瞎子便低聲吟唱。他是正好想唱嗎？我離開後他仍然沒有停止吟唱。臨去之際，我探頭窺望小缽，裡面只有一個小額的披索硬幣。

我放棄去餐館吃晚餐，在市場的青菜店買了六根一盧比的香蕉和一公斤三盧比的芒果半公斤，回到老瞎子處。在餐館吃套餐要三盧比，香蕉和芒果總共兩盧比半，我就用這些代替晚餐，把相當半盧比的披索硬幣投入小缽裡。

我聽著他的歌聲，望著美麗的夕陽，優雅地吃著只有香蕉和芒果的晚餐……。

這個安靜的村莊當然有貧窮、有老、有病。諷刺的是，佛陀悟道的這個村子也是天花最流行的地方之一。

7

有一天，自外歸來的此經走進我的房間說：「明天要去阿修欄（āśrama，隱棲處）嗎？」

「阿修欄？」

我第一次聽到這個名詞。我問他是什麼，他說日語本來翻譯成道場。

「道場？究竟是什麼東西？」

「一般來說阿修欄是指冥想或練瑜伽的地方……」

不過，此經說，明天要去的阿修欄說是生活共同體要比道場要來得貼切。是兼具孤兒院、學校、職業訓練所機能的道場。

「我也不是很清楚。」

原來此經去寄信，在市場前遇到幾個日本青年。交談後知道他們是東京農業大學的學生，明天起要以志工身分前往巴瓜村的沙曼巴亞道場去。那地方收容賤民階層的小孩並教他們農業技術，以便將來在村中擔任指導者。此經聽說這事後，突然產生興趣，也想去看看，正好遇見來菩提迦耶接學生的道場負責人，此經提出要求後，對方爽快地應允。

「方便的話，你也一起去看看吧？」

實在感謝此經的邀約。我難得有機會以那種方式親近印度兒童。我覺得和印度兒童共同生活一段時間也不錯。我是出於偶然來到這裡，又受到偶然之約去那裡，感覺很有意思。

次日午後，我和此經一起去教養院設在菩提迦耶村的辦公室。辦公室只是一間普通民宅，農大的學生昨晚好像睡在這裡。

三個農大學生在院子前收拾行李，此經看人數變少了，覺得奇怪，打聽之下，原來另外三個人先去別的道場，明天才和大家會合。

「可以帶我一起去嗎？」我問。

像是領隊的那個人爽快地說：「只要賽魯克先生ＯＫ，我們完全沒意見，人越多越好玩。」

賽魯克是道場負責人。不久，賽魯克將小型卡車準備完畢。體格結實、眼神淩厲。我問他可以一起去嗎，他不像很歡迎，但還是說「請」。

院子裡站著兩個三、四歲的女孩。手牽著手，呆呆地看著我們。頭髮蓬亂、滿身污垢、衣服也襤褸。我以為是乞丐的小孩，但要上車時，賽魯克卻先讓兩個女孩上車。她們是新收養的小孩。

這個教養院的部分經費靠海外熱心人士捐助。一個孩子有一個認養者，每個月寄送數十盧比的錢過來。這些熱心人士節省一次上餐廳的費用而寄來的錢，足夠一個印度小孩一年的吃食。農大學生藉這次訪問機會將定期寄送兩人份用費，剛好讓道場又可以多收容兩個小孩。

「你們是這孩子的養父了。」我有點調侃地說。

其中一人毫無炫耀的意思回答：「是啊！感到有責任哩！」

這兩個女孩不是姊妹，也不是孤兒。雖然此後要分離數年，卻沒有家人來為她們送行。或許這個道場對賤民階層而言，只是一種減少家中食指的設施吧！但是我覺得可憐的不是這個，而是藏在她們那茫然表情深處、已不關心自身會有什麼遭遇的絕望心態。

小型卡車搖搖晃晃開往巴瓜村的沙曼巴亞道場，經過約一個半小時，屁股顛得發痛時終於到達。這之間，兩個小女孩在我、此經和三個農大學生包圍下僵硬地坐著。

道場占地遼闊，有些部分尚未整理完善。孩子們的小宿舍散落在原野上，四周是田地。

兒童從三、四歲到十五、六歲，約一百個人分散在幾個宿舍生活。男孩與女孩的比率是四比一。他們過了一定年齡就必須離開，但幾個無處可去的，便以幫忙田事和照顧幼小孩童的名義留下來。

一到道場，那兩個女孩便被負責照顧的年長少女帶去宿舍，我們則被安置在客用宿舍。但是宿舍裡面沒有桌子也沒床，只是水泥地上鋪著床單，大夥兒擠著睡的空房子。

道場的生活

我們到達翌日便過著和兒童完全相同的日課，生活節奏基本上是和太陽同步。

清晨四點起床，五點做完晨禱，五點半開始早晨的工作。七點半早餐，八點半開始再工作，十點半工作結束。十二點午餐，下午兩點開始上課或工作。對孩子們來說，下午四點以後是僅有的自由時間。六點晚禱，六點半晚餐，再一段短短的休息時間後就寢。

孩子們必須天亮即起、天黑即睡，純粹是因為這裡沒電。不僅沒電，也沒自來水。我們晚上必須點蠟燭照明。

一切生活都簡約樸素。

三餐以粥為主，偶爾吃酥脆薄餅和蔬菜咖哩湯；粥是牛奶和米一起熬煮的印度式燕麥粥。我們是客人，另外多一道菜，但也非常簡素。孩子們坐在餐廳地板上，撈舔裝在洗臉盆似的餐具裡的粥，吃得一滴不剩。對他們來說，即使再粗簡的飲食，只要三餐正常，就勝過一切。

早上的工作都是農事。道場的人在農民的支援下自耕自食。我、此經和農大學生也要下田工作。

中午以後是上課時間，但幾乎沒有制度。一百多個小孩只有八個老師，這也難怪。最多只能畫畫、練習寫字，農忙時期下午也要下田。

我們主要的工作是在田裡割除野草。

「這叫中耕。」

未來農業專家的農大學生和我一樣流著汗，伸著下巴告訴我們。

一天中最快樂的是農事之後的洗澡。稻田旁有個大水塘，跳到裡面，管他玩水或是洗澡地亂鬧一通。

第一天我們也興匆匆地跳進水塘，水比想像中的深，腳踩不到底。口吐泡泡浮出水面時，以為我溺水的小孩已陸續跳進來。

一到自由時間，孩子們就聚集到我們宿舍前的空地找我們玩。他們什麼事情都能和玩連在一起。看到我帶來的唯一文明利器空氣枕，立刻把它當作足球來踢，不到三十分鐘就讓它洩了氣。當然，那個洞是我自己一咬牙踢它一腳後破開的。

夜晚在燭光中參加農大學生的檢討會議。他們在校時屬於「亞非研究會」這個社團，來這裡是社團活動的一環，好像每天必須做一番檢討歸結。但是開朗的他們很快就結束會議，和我們閒聊，最後一定是唱歌。我和此經像回到住校的大學時代一樣，從他們的校歌、加油歌到戰前謳歌前進中國大陸的歌曲等許多過去不知道的歌，都跟他們學著一起唱。

我最喜歡的是〈蒙古放浪歌〉。在日本時曾聽過一次，但幾乎已經忘記。我並不討厭英雄氣概，但那首歌太過於大時代了。要是在日本聽到，一定會厭煩它那過剩的英雄主義，但此刻對長久行旅異國的人來說，格外能引起心靈迴響。

心雖狂猛，不成鬼神
生而為人，總歸有情
拋家棄母，跨海前行
朋友兄弟，終將重逢

大海彼方，蒙古沙漠
男兒多恨，捨身之處
惟吾胸中，藏有大願
但望他日，生還故鄉

我雖心無大願，但和他們唱著這歌，不覺湧起一股來到這天涯盡頭、印度僻地的寂寥感。當然，這裡面有著感傷主義的天真，但絕對沒有不愉快的感覺。

很快夜就深了。說是夜深，也不過是晚上九、十點鐘，但在清晨四點就需起床的生活中，確實是不早了。眼皮好重，彼此說著該睡了吧，把床單和毛巾鋪在自己一開始就挑好的位置倒下就睡。

記得第一天晚上睡前，此經突然說要找蠍子。因為雨季的緣故，蠍子常出沒這一帶住宅。這裡的蠍子含有劇毒，處理稍微失當就可能喪命。他說為了小心起見，還是檢查一下。於是眾人點著蠟燭搜索房間的每個角落，都沒發現。此經好像多慮了。正當有人調侃此經故意誇張嚇我們，隨手把脫下的靴子倒甩一甩時，竟然掉落一隻大人食指大小的蠍子。所有人嚇得抽一口冷氣，此經用涼鞋把蠍子打扁。從那以後，找蠍子就成了睡前儀式。

道場的生活很愉快。沒想到日出即起、日入而息的生活是這般快樂。農大學生更是快活無憂、共同愉快生活的最佳夥伴。我在日本寺的時候就知道此經是個好人。道場的老師也常對我們帶著善意的笑容。

老師都是印度人，只有一位年輕的英國女性。她叫卡洛琳，牛津大學畢業，為進行社會學的田野調查，在這裡住了兩年多。她和印度女性一樣身裹紗麗，過著和其他老師完全相同的生活，並照顧小孩。那已褪色的橙色紗麗和她非常搭配，她長得很美，可是那強韌的意志力讓我們難以親近。

某天，我經過她幫小孩洗衣服的地方。這裡洗衣服的方式很豪快，用個大的空汽油桶煮一桶熱水，把衣服丟進去敲打煮沸就好。我覺得很有趣，在旁觀望，正拿著棍棒攪拌桶中衣物的她跟我聊起來。說了一陣子話，知道我不久後就要前往倫敦時，她露出落寞的表情。她還必須在這裡停留一年。

「然後呢？」

「回英國寫論文。」

「然後呢？」我又問。

她露出困惑的表情笑著說：「我想再回到這裡。」

「為了寫別的論文？」

「也不是……」

她欲語還休。似乎，這道場的生活比大學的研究生活吸引她。

我住了幾天後，似乎能夠了解她的心情。

晨晚兩次、老師學生和住在道場的所有人都聚在集會場裡祈禱。因為這個道場是甘地的第二代追隨者竇魯克以佛教為精神依據所建，因此祈禱詞都取自梵文佛典。

那實在是美麗的祈禱聲。尤其是黃昏時分、暮色漸掩的集會場中，傾聽孩童尖細聲音緩緩吟誦的梵語祈禱詞，彷佛置身另外一個世界。或許，不只我有這種感覺，此經和農大學生在祈禱時一定有著某種心靈震撼。

我甚至想只為了聆聽這聲音而留在這裡。

和孩童們工作遊玩中，很快就知道他們的個性。和世界各地一樣，印度兒童有懶惰的，也有勤快的。有人乖巧伶俐，也有人只會默默做事。

農大學生在工作遊玩上都能應付到體力的極限，讓此經感嘆「我真是老了、做不來囉」，話雖如此，此經還是有他的能耐，收服道場裡脾氣最壞的女孩，走到哪裡都跟著他。

我一有和孩童們接觸的機會，就刻意尋找一起從菩提迦耶來的兩個小女孩。掛念她們什麼時候才會展顏歡笑。

她們一到這裡，就把長滿頭蝨的蓬亂頭髮剃短得像個尼姑，換上黃色制服。外表清爽得像幼稚園的小男生般可愛，但對一切漠不關心的模樣不變。她們手牽著手，默默地眺望四周。不加入孩童的遊戲，只是茫然地站著。看到她們那一無所動的表情，我有點心痛。

我到道場的第三天。下午，在一棟宿舍前，照顧幼小孩童的年長少女讓幼小的女孩坐在地上，幫她們綁頭髮。她用梳子仔細梳理髮絲，分成一小撮一小撮，用橡皮筋綁好。那兩個小女孩正好走過來。她們停下腳步，凝視年長少女的手和梳髮動作。年長少女注意到她們，笑著和她們說話。大概是說等妳們頭髮長了再幫妳們梳。這時，小女孩的瞳孔微微發亮。我不知道那是不是喜悅之光，但可以確定，在那之後，她們逐漸對外界顯示興趣。

我不知道在這道場裡生活，對孩童來說是否幸運？他們是甘地稱為「神之子」（Harizan）的最下階級子女。他們甚至不在種姓制度裡，是被徹底歧視的「賤民」（untouchable，不可觸者）。在這裡，他們一日三餐獲得保證，無須擔心飢餓。

有一天，我和孩童到教養院外散步時，經過一個賤民部落。那裡的小孩不是在泥土屋中和豬共眠，就是揹著弟妹玩耍。他們身上有著再怎麼窮困都能和父母一起生活的開朗。我想，不管道場的小孩未來如何，他們一定也想過著這種隨心所欲的日子吧！

但我也覺得，光是那兩個小女孩能夠找回對外界的好奇心這點，道場仍有存在的意義。變化的不只是小女孩，我本身也有明顯的變化。

道場裡沒電也沒自來水，因此廁所不是自沖式的抽水馬桶，而是自己舀水用力沖走糞尿的印度蹲式便池。石造的便池為了容易沖洗，底部有些傾斜。廁所裡沒有衛生紙。印度人也不用衛生紙，而是用左手擦拭、清洗。完事後先舀水洗手，再沖洗便池。起先我還自備衛生紙，但很快就習慣印度方式。而且水涼涼的很舒服，比用衛生紙擦還乾淨。

當我能用手清理排泄行為後，感覺到又有一個自己變自由了。

我在迦耶火車站前露天而眠；在菩提迦耶村的餐館不用刀叉，而用三根指頭抓飯而食；如今在巴瓜村的廁所不用衛生紙也行。我漸漸從物質中獲得解放。那感覺著實痛快。

在道場的日子一晃而過。農大學生必須返國的日子接近。我雖然還想再待一陣子，但是一個人留下來什麼也不能做，徒然浪費這裡珍貴的糧食罷了，只好和此經及農大學生一起離開。

離開前夕，我們全體和竇魯克長談。

竇魯克坦率地告訴農大學生，能否請日本方面送來一些農耕機器；又說你們來這裡固然很好，但是要來，最好把英語學好一點再來。

他的意見很中肯。因為語言能力不夠，無法活用難得的知識。我和此經都沒有擔任傳譯的能力。竇魯克後來便放棄和他們溝通意見。這點我很了解。的確，在這裡，農大學生雖有善意，但他們並非未來的農業技術專家，只是孩童的遊戲對象。

然而我也認為，即使他們對農場運作無多大作用，但對道場的主角孩童們來說，這些來自外國的開朗訪客就像是為單調生活帶來變化和快樂的不當季的聖誕老人。他們放映帶來的電影和施放煙火時，孩子們是多們高興，竇魯克看了也該知道。光是這點，他也該感謝他們……。

當然，這不是我這擅自闖入者能說的話。

歸去的日子來了。

上午見到卡洛琳，她問我「要走了嗎？」眼中隱隱帶著淚光。她感到孤獨留下的寂寞吧！下午，到了要走的時候，輪到孩子們哭了。

我們難過地向他們告別，在竇魯克的催促下坐上來時的小卡車。卡車一開動，好幾名少女流著眼淚追來，把手中緊握的東西遞給坐在最外邊的農大學生。互相揮手一直到看不見彼此為止。隔一會兒，那人張開手掌，是一根髮夾。夾頭髮的普通髮夾。少女們送的都是髮夾。

對群體生活的道場少女來說，那肯定是她們唯一的私有物品。卻拿來當作贈別禮物。我因為坐在裡面，她們的手伸不到我這裡，但在卡車的搖晃中，我是多麼想從她們手中收到這神子之家的禮物啊！

8

回到日本寺後，我沉沉入睡。可能還是有些緊張疲累。

翌日，此經拿著一包速食麵到我房間，說是預定明天離開菩提迦耶的農大學生送的。我們到他以前住的招待所，非常慎重地料理這包速食麵。我們用他的小鍋裝著遠從日本而來的泡麵，加上流自喜馬拉雅山中的水和印度大地生長的青菜合煮。那是一頓睽違許久的豪華午餐。那半碗泡麵帶給我對菩提迦耶這片土地決定性的滿足感，興起該出發去尼泊爾的思緒。

我比農大學生還早一步，在當天傍晚就離開菩提迦耶。為了搭乘翌晨三點開往帕特那的火車，我必須在今晚趕到迦耶不可。

我到菩提迦耶的市場雇三輪車，此經和農大學生特地趕來為我送行。匆忙中三輪車正要起跑時，農大學生突然提高嗓子喊著「喲——哦——」，手也配合喊聲打起拍子。我沒想到在這印度之地會來這種鄭重的歡送儀式，驚愕得差點從三輪車上摔下來。市場裡沒看過這奇妙辭別儀式的人都笑了，三輪車夫也哈哈大笑，我就在眾人笑聲中向迦耶出發。

和來時不同，從菩提迦耶回迦耶的路程舒適愉快，講價也順利，也知道到達迦耶的大概時間。我坐在車上，心有餘裕地瀏覽四周景色。

那天的晚霞也很美。太陽在我左邊緩緩沉落，染紅了我右邊流動的尼連禪河。河畔有兩頭扛著乾草的大象，農夫和小孩騎在象脖子上，悠閒地走著。

雨季前這條河滴水不流，露出乾枯的河床。有月亮的晚上，河床的沙晶晶閃閃，看似一條長長的沙漠。但一進入雨季，水流一日暴漲，再度成河。那光景猶如輪迴轉生吧！

此刻，尼連禪河水量豐沛，美麗地輝映夕陽。在漸漸暗下的淡紫色天光中，左邊的樹林裡無數螢火蟲飛舞……。

在迦耶看電影

八點鐘抵達迦耶。我沒看過夜晚的迦耶，人們閒閒地漫步繁華街道，在攤子上喝茶，聽賣鋼筆的推銷說辭。迦耶果然是個大城。距離午夜三點還早，我打算去看電影殺時間，因為有部想看的電影。

我在菩提迦耶時聽說印度現在最賣座的電影是《波琵》。我記得曼谷中國城放映印度片的電影院演過。此經也說這部片子很有趣，勸我務必要看。

此經說，《波琵》可以說是印度版的《羅密歐與茱麗葉》，女主角尤其出色。他說看完電影後，他嘀咕著女主角很不錯時，坐在旁邊的歐巴桑便主動告訴他，說那女主角已有丈夫，拍這部電影時和男主角假戲真做、談起戀愛，但後來知道兩人是近親，不得不哭著分手。歐巴桑說，這是因為印度電影界是由某一特定家族獨占，很容易就知道彼此是關係多近的親戚。她這話不知是真是假，但光憑這些流言就值得一看。我就想到迦耶後去看《波琵》。

我問路人上映《波琵》的電影院在哪裡，他熱心地帶我去。我很高興迦耶也有不少夜貓子，雖是平常日子，晚場卻到九點才開演。

我在日本時就聽說印度人喜歡看電影，但沒想到晚場的電影院裡還這麼熱鬧擁擠。差點相信那個說印度男人手背的擦傷都是為了看電影的說法。

售票處周圍已擠成一團。我探頭窺看，有人把握著錢的手伸進售票小窗口，好像是為了搶到便宜又好的位子。售票窗口只是一大片玻璃上開的小洞。五隻手伸進去後便難以動彈，但還有手要擠進去。無數的手、手、手。開演前十五分鐘才開始賣票，他們已在那裡等了三、四十分鐘。售票一開始便引發騷動。付了錢拿到票，手卻拔不出來，使盡吃奶力氣往外抽。這樣子沒有擦傷才奇怪。

加映新聞片後，九點半開始放映《波琵》。對白雖然是印度話，但大致還能看懂劇情。波琵是女主角的名字，主演的女明星魅力十足。她和洋片中同樣扮演過茱麗葉的奧麗薇荷西比起來，顯得相當豐滿，這也是為了符合印度人的審美意識。

波琵的迷你裙模樣嬌俏可愛，因為這種打扮在印度少見，我和印度男人都盯著她的大腿。其實不只是迷你裙，這部電影裡出現的一切事物都是和這些觀眾無緣的東西。雄偉華麗的豪宅、家具擺設、有游泳池的花園、熱鬧的宴會、大財主的兒子和美麗的姑娘、感人的戀情、海、山、雪、花。在迦耶到處都看不到這些東西。因此，他們才看得這麼專注吧！電影裡面有他們的夢。他們一定不想看薩提耶吉雷（Satyajit Ray，一九二二——一九九二，印度知名電影導演。以貧苦農村少年阿普一生的遭遇為主題的《大地之歌》三部曲曾獲多項國際電影大獎——譯注）的電影。為什麼必須花五十披索去看自己現實中的生活呢？他們只想作夢……。波琵換上漂亮的泳裝時、跳煽情的舞蹈時，觀眾席上歡聲此起彼落，夾雜著嘆息。

電影十一點半結束。我心想主角兩人的戀情竟會落得悲劇收場，正想走人，發現旁邊的人還坐著不動。詢問之下，原來只是演完上半場，吃點東西休息後再開演下半場。電影以快樂結局收場時已是午夜零時四十五分。

走出電影院，沿著漆黑夜路走向車站。站前廣場和我來的那晚一樣躺著許多人，距離三點開車還有許多時間，我也混在他們中間躺下。

我原來只想躺一下，不知不覺間迷迷糊糊地睡著。驚醒時已經超過三點，心想糟糕，繼而一想，印度的火車應該不會那麼準時，趕到月台一看，火車果然還沒進站。

火車終於開出迦耶站時是四點半。特等座的行李架上已有先到之客，我只好坐在普通座椅上。

惡劣的車掌

早上七點半抵達帕特那。

我從車站坐三輪車到恆河渡口搭船渡河。由於水流頗速，船需斜行過河。河幅相當遼闊，過河至少需要一個小時。

恆河水流泥黃混濁，水面飄著大量的蓮花。

上岸碼頭和火車站間有條窄路相連，我跟在魚貫前行的乘客後面，沒看到車站建築，便突然闖進月台。

十一點過後，才開出往印度和尼泊爾邊境小鎮拉克索（Raxaul）的列車。我找到位子、稍微放心坐下時，車掌正好經過。我沒車票，問他該怎麼辦？他說車上補票要十八盧比五十披索。再怎麼說這價錢都太貴，充其量只要七、八盧比而已。

我再三追問，他斷言就是這個價錢沒錯。他補充說，八盧比五十披索是正常票價，另外的十盧比是逃票的罰款。我不覺罵出聲來，堅稱我不是故意逃票。沒有車票是因為碼頭到月台之間並沒有收票口，我如果打算逃票就不會主動問他。他默默聽完我的說明後，還是一句話，「那是規定。」

我又重複說明一次，但他堅持這是規定，不肯退讓一步。我只好暫時投降，但當我把錢給他、問他你叫什麼名字時，他憤怒地大聲報上名字。我把他的名字寫在剛拿到手的車票上。我多少有點憤憤不平，半當真地打算到拉克索後要向鐵路負責人檢舉他。

我在泰國也經歷過類似的事件。在開往泰馬國境的火車上發生車票金額糾紛。那時我無奈地認輸，但這次我不會輕易放棄，這時，已經走到隔壁車廂的車掌又倒回來，說算錯了。是嘛！再怎麼說十盧比的罰款都太貴了。但是他算錯的是車票錢，把八盧比說成八盧比五十披索，意即，他本來想將五十披索中飽私囊，但擔心被我揭發，於是還給我。

有趣的是他當時的態度。明明知道自己錯了，卻絕不道歉。只是單純地更正錯誤而已。看到他那樣子，我想起卡洛琳說的話。

那時，卡洛琳以猜謎的語氣問我，英語、法語、華語和日語中都有、唯獨印度語中沒有的三個詞是什麼？我搖搖頭。

「謝謝、對不起、請。」她說。

印度語中本來是有這三個詞，但因為從來不用，幾乎成了死語。不用的原因還是在於種姓制度，不同階層之間不會說對不起。事實上我在印度期間的確沒有聽印度人說過這些詞。

我茫然望著像施捨五十披索給窮人的車掌離去的背影。

途中換車，抵達拉克索時已是晚上九點。時間這麼晚，我也沒精神再去檢舉車票的事情了。

在站前拉客黃牛的勸誘下，我住進一晚要價四盧比的旅館大通鋪。心想只睡一晚，什麼樣的旅館都無所謂，但床鋪除了潮濕外還滿是蝨子，備受折騰。

翌晨四點半就起床，和三輪車夫講好價錢，以五盧比的代價越過國境。印度的拉克索和尼泊爾的柏根治（Birganj）之間散落著兩國的出入境管理局辦公室和海關建築，三輪車必須一關關通過檢查。我沒有尼泊爾簽證，需繳交二十五盧比的簽證費，但海關幾乎是自由通過。因為時候還早，我是第一個入境旅客，每一個辦公點的官員都在睡夢中被我吵醒，睡眼惺忪地讓我通關。

總之，拜這一大早跨越國境之賜，我趕上清晨六點從柏根治開往加德滿都的巴士。

第八章 雨使我入睡

寄自加德滿都的信

1

抵達加德滿都以來，每天都下著惱人的雨。好像我是為了淋雨才來加德滿都的。趁著烏雲裂開縫隙的時候出門走走，不到三十分鐘又下雨了，黃土路立刻泥濘一片。邊走邊注意腳下，姿勢不知不覺向前傾，結果忘記轉彎而走錯路。雨在印度是帶來涼爽的恩惠，但在加德滿都只是讓城市冷清陰鬱。對旅人來說，冷雨尤其難受。幸好，在從柏根治到加德滿都的巴士中，我就已有某種程度的心理準備。

從柏根治到加德滿都距離不過一百八十公里。但是巴士從上午六點一直開到下午五點半才抵達。一切都因為雨。加德滿都位在海拔一千四百公尺的高原盆地，必須經過相當險峻的山路才能到達。一路上當然無法飛車前進。即使如此，十一個半小時的車程還是太長了些。

山路之間還好。懸崖邊的窄路雖然恐怖，還能緩緩前進。但從山區下到盆地後，越接近加德滿都，道路越泥濘，終於在距離加德滿都二公里的地方，車子停止不動。雨水把道路變成泥沼，輪胎拚命空轉。司機叫乘客下車，到附近農家借來木板，墊在輪胎下，但是輪胎依舊空轉，最後只好所有乘客都在後面幫忙推車。乘客滿腳泥濘使盡力氣推著，車子總算動了，大家鬆一口氣坐上車，才剛擦完身上的汗，車子又停了。沒辦法，只好再下來推車。這樣走走停停、上上下下推車，僅僅兩公里的路就折騰了四個小時。乘客個個渾身是汗、鞋子沾滿泥漿，模樣實在狼狽。但能到達加德滿都仍屬幸運，後來才知道，加德滿都到波卡拉（Pokhara）的路因為下雨而不通。

雖然路途曲折，但往加德滿都的巴士之旅仍然愉快。可能是尼泊爾的風景讓做為日本人的我倍感親切之故。尼泊爾是山國，處處可見狹小的耕地在山坡斜面形成一階一階的梯田，農夫穿戴竹編雨具走在田畔，翠綠的稻葉在小雨滋潤下更顯鮮豔。我打個盹突然醒來時，錯覺自己正在日本東北部的某個地方。

車上除了我，還有許多的嬉皮。對來自美國和歐洲的嬉皮而言，加德滿都和摩洛哥（Morocco）的馬拉開什（Marrakesh）及印度的臥亞是三大聖地。在來自西方的旅人眼中，加德滿都更是地之盡頭，因而成了歐亞大陸朝聖之旅最後也是最大的目的地。

到加德滿都所為何來，因人而異。有人找廉價的大麻，有人為環山漫遊喜馬拉雅山；更有人在神比人多的加德滿都尋找未知的精神世界。

儘管目的殊異，加德滿都仍是最適合沒錢年輕人長期滯留的地方。這裡的物價比印度還便宜，食物種類也豐富，比起印度的風土苛烈，在許多意義上，這裡都顯得安詳親切。因此，各國的嬉皮像被風吹聚般不約而同來到這裡。

尤其是從陸路而來的嬉皮，不少人在長達數年的旅行生活中，當印度簽證到期時，就先出境一趟到尼泊爾，重新申請印度簽證，順便在加德滿都養精蓄銳一段時間。在來自帕特那的火車上和拉克索的廉價旅館裡，經常遇到走陸路前往加德滿都的嬉皮，他們都一樣髒，表情倦怠疲憊，甚至有在車站商店為錢發生爭執時，夥伴趁隙扒竊的情形。

車抵加德滿都以前，司機頻繁停在像是山上茶店之類的地方休息。起先我還拚命忍耐，但實在忍不住想喝一杯熱茶。不是因為節儉、而是身上沒有尼泊爾錢幣。我入境的時間太早，國境的銀行還沒開門，還想著該到哪裡換錢時，人已坐上開往尼泊爾的巴士。在柏根治上車時還可以使用印度盧比，也讓我天真得以為總會有辦法的。

但是根本一籌莫展，困擾之餘，只好問同車的雙人行嬉皮是否願意兌換印度盧比。他們說如果只是喝茶，可以先借我。但我問怎麼還時，他們異口同聲說：「我們要在加德滿都停留一陣子，總會見面的。」他們經常往返印度和尼泊爾。

他們借我相當於一盧比的錢，一尼泊爾盧比約等於二十日圓。因此，一杯十披索的茶僅僅兩日圓。比起物價超廉的印度更是便宜，只要一盧比，在這裡就可以喝上十杯濃醇的奶茶。

便宜的不只是茶。

終於抵達加德滿都的長途巴士總站後，我尋找當晚要住的旅館時，不知不覺來到嬉皮式年輕人往來熱鬧的小街。這裡手工藝品店林立，也有人逡巡要買黑市美金。我憑著直覺請一對看來比較老實的男女幫忙介紹旅館。尤其令人感動的是那價格，單人房五盧比、四人房只要三盧比。不巧，單人房都客滿，我也就欣然住進一晚六十日圓的大通鋪。

便宜的還不只是旅館，餐館也一樣。我吃過好幾家，每家的價錢都比印度便宜兩三成。我最常去吃的是「Eat at Jo's」，該譯成「吃在喬家」吧！我喜歡這家館子是因為他們的西餐不添加奇怪的味道，其他館子的飯菜味道多半調得讓你無法下嚥。這家的菜幾乎都是顧客自己添加鹽或胡椒，因此每次去總是坐滿嬉皮。大概成千上萬的嬉皮都曾向老闆抱怨過「與其添加奇怪味道，不如不要調味」後，才有現在的成果吧！我不禁緬懷前人的努力。

我在這家館子吃到久未吃到的牛肉。嚴格說起來不是肉牛，而是水牛肉。菜單上是寫著水牛肉牛排，肉質相當乾澀，但加上青菜炒飯和熱茶，一共才五盧比，沒什麼好挑剔的。

加德滿都確實是容易長居的地方。不只是物價便宜。尼泊爾人也遠比印度人親切圓滑。例如喬家餐廳，結帳時是自己到店門口說吃了什麼東西、照價付帳就好，想矇混的人是可以矇混，有趣的是，那些老油條嬉皮反而老老實實地報帳。

加德滿都會讓日本人感覺尤其安適的，是街上行人的長相很像日本人。雖然不是每個人都這樣，但整體而言，五官扁平的蒙古裔比五官立體的亞利安（Aryan）裔來得醒目。

要說印度人是東洋人，我還有點猶豫，若是尼泊爾人，我則毫不猶豫地有認同的親切感。

某天，我到距市中心稍遠的住宅區，想去拜訪那個網球選手。我踩著泥路找啊找的，終於找到他家。但是出門應客的是他父親，說他還在加爾各答沒回來。我說明和他認識的經過，他父親說非常遺憾，你特地來訪，實在難得，雖然兒子不在，我也該帶你參觀加德滿都的，可惜正在養病中，失禮之處，還請包涵。雖是社交辭令，但我聽了還是很高興。他父親的親切態度為我失望的心情帶來些許溫暖。

我說，那麼改天再來拜訪。應酬完畢，歸途中，我突然想到剛剛和他父親是用什麼語言交談？應該不是尼泊爾語，也不是英語，更不可能是日語。這麼說來，我們是用肢體、手勢交談，也有著意思完整溝通後的深深滿足感。不知為什麼，我覺得不可思議。我甚至以為，我們是用既非尼泊爾語也非日語的虛擬共通語言交談不成？

喬家餐廳有個十歲的打工少年，獨自招呼客人。幫客人點菜、端菜送飯。每次客人點好菜後，他就用獨特的聲調向廚房大喊。我聽起來覺得非常可愛，因為菜單是英文寫的，他的聲音夾雜著有腔調的英文單字。有些差勁的嬉皮覺得好玩，大聲「哇希啊、哇希啊」地學他。我看到這情景，就像是自己弟弟被欺侮般，真想一拳打倒那傢伙。

歐美嬉皮在店內喧嚣吵鬧時，少年的視線一和我接觸，就露出老成的微笑，歪著頭，像是說這些傢伙真麻煩。我也點點頭，同意那些傢伙都是混帳。我們就這樣完全了解彼此的感受，實在不可思議。

當然，這種了解仍有其限度，當店內忙碌告一段落，他坐在角落悠然抽菸時，身邊似乎又罩上一層拒絕外界的薄膜。

悲喜加德滿都

加德滿都一片黯淡的磚紅色。所有屋宅都是磚造，廟宇、彎曲巷道內突兀聳立的塑像都漆上磚紅色。這種印象在看到三、四個同行的女學生都裹著磚紅色紗麗時更為加強。

不過，這個單一色調的城市偶爾也氾濫著鮮豔的色彩。

我到達的第四天，遇到一場遊行。早餐後，我到市中心的王宮廣場（Durbar Square），看到孩童們臉上圖著白、黑、紅三色的粉，戴著牛角帽子漫步。他們的化妝特別強調眼部的色彩，還畫上鬍子，他們肩部垂下的兩根繩子像是牛的前腿。觀眾在各處等候，用大葉子包著水果點心給那些孩子。他們的父母跟在旁邊，把孩子得來的東西俐落地裝進預先準備好的麻袋裡。服裝和化妝色彩都相當亮麗。我向旁人打聽，知道參加遊行的是這一年內家有不幸的小孩。雖然是遊行，但散漫而無高潮，在不懂遊行真正意義的我們看來，不怎麼有趣，但在下午遊行結束後，看見那些親子在隱蔽的地方專心分選收穫的光景，那愉快祥和的氣氛也感染了我。

天氣晴朗時，我就租輛一天三盧比的腳踏車，到佛頭塑像規模號稱世界最大的菩提佛塔（Bodh Nath）和古都帕坦（Patan）等郊外走走。

加德滿都郊外有幾家販售西藏地毯的商店，那裡有許多厭惡革命，和達賴喇嘛一起離開故鄉而落腳在此的西藏難民。

從帕坦回來的路上，看見街邊一間破屋裡有個男人在織地毯。我停下腳踏車，站在門口，那人抬起臉微笑。

「Namaste.」

我跟他打招呼，他視線回到織機上，也回我一聲，「Namaste.」然後又對著小小織機默默織著地毯。雖然屋裡有像是要賣的地毯和椅墊，但他無意推銷。

我看了一個小時，地毯只有幾公分的進展。簡單的圖案鮮明地傳達著力與美。我窺看室內，達賴喇嘛和尼泊爾國王的照片並排掛在牆上。我想，正因為他是難民，才能用這樣小的織機織出這樣美麗的織品嗎？

我不只騎車遊覽郊外。

有一天，我漫無目標的騎車閒逛加德滿都街頭時，看到廣場上有人比賽壘球。其中一隊是日本人。我依戀地靠近觀賞。向擔任外野手的球員打聽，知道對手是美國大使館，這片廣場也是他們的地。我在本壘附近觀看半晌，因為日本隊人數不足，他們問我要不要加入，我欣然加入。壘球也一樣要打擊、跑壘，流了很久沒流、全身舒暢的運動汗水。日本隊是由大使館和海外青年合作隊的職員組成，連輸兩場。不過，打完球後我獲得不錯的犒賞，海外青年合作隊的人請我到中國餐館吃餛飩美食，喝冰啤酒。

因為這份機緣，我開始和他們往來，日子過得更有趣。有個嚴肅認真、負責土木設計工程的隊員正在熱戀。他請我們去他家玩。他租的是一棟木造的五樓民房，一樓空著，二、三樓轉租給尼泊爾人，自己住四樓，五樓是製圖室。租金總共三百盧比，二、三樓的房租收入是一百六十盧比，因此，他的實際房租只有一百四十盧比。我現在住的破舊旅館的單人房一個月也要一百五十盧比，可見他多麼節省。其他隊員有人住的是月租一千多盧比的房子。

我不知道他為什麼這麼節省，特別問了他，他才沉重地回答；或許他也想找人傾訴。他有個認定非卿莫娶的尼泊爾女友，但受限於工作規定，他不能結婚。他想，將來工作期滿後，女友是不可能去日本的，因此他必須留在尼泊爾，到時，就算再有工作能力，也不可能找到和現在待遇一樣的工作，因此現在要盡量存錢，至少要能蓋一棟房子⋯⋯。

他說，為了這個目的，剛辦完再延長兩年任期的手續。他給我看女友的照片，確實是個大美人。

「真是羨慕呀！」我開玩笑地說。

他的表情卻轉為陰暗，「這麼美好的計畫卻在上個星期毀了。」

「對方家裡反對嗎？」

我問表情沉鬱的他，他搖搖頭說：「她父母很滿意我……」

「有其他的障礙？」

「不是障礙，是她……」

上個星期，他去她家玩，就要談到正事時，她突然當著全家人的面說自己另外有喜歡的人。不只是他，連她父母都嚇一跳，逼問對象是誰，結果問出個惡名昭彰的花花公子名字。

「她被騙了。那傢伙是個壞蛋，聽說他老是讓女人懷孕後又拋棄她們，害她們尋死。」

那個花花公子是有王室血緣的名門子弟，確實是個強勁的情敵，但是戀愛中的男人總是看不清楚，總認為女孩那樣說並非真的喜歡那男的，只是「貞操被奪」而已。在尼泊爾，年輕男女只要同席就被視為兩人之間有什麼，他尊重尼泊爾的傳統，沒為自己製造機會，沒想到花花公子趁虛而入。他深信她也知道花花公子是壞人，只是一度「許身」後便心虛了……。他好幾次說到貞操被奪、許身這些古老的名詞，聽起來實在好笑，我每次都忍不住想奚落他，可是看到他那嚴肅的表情，不得不噤聲。

女孩的心很明顯是在那花花公子身上，可是為愛情盲目的男人遭背叛後，仍相信女孩總有一天會發覺被欺騙了。因此他昨天還透過朋友告訴女孩，說他會一直等下去，只要她心不變，隨時可以結婚。他的熱情簡直不輸《波琵》。只是，《波琵》是兩情相悅，他卻是單戀，但戀愛的盲目滑稽並無兩樣，而這滑稽也泛著某種光彩。

雖然這段悲戀恐怕無疾而終，我聽了以後，不自覺地露出微笑。心想真羨慕啊！能夠這樣激烈去愛，也就不枉人生一場了。

我覺得，這段戀愛能有所成固然是好，失敗了也非壞事。如果這段戀愛功德圓滿，到時，失去滑稽和光彩的真正劇情才要展開。想到不同文化中成長的兩個人共同生活的困難，難免要多管閒事地認為以悲戀告終或許比較好。

雨使人愁

剛到加德滿都的第一個星期，在城市的溫暖中，日子平靜愉快。但是隨著時間過去，雨漸漸讓人感到鬱悶，做什麼都提不起勁。一下雨，多半在房間裡發呆。

有段時間，我也到大飯店附設的書店去買平裝本推理小說，或拿出《李賀》瀏覽中國古典詩，但很快就意興闌珊。在床上翻來覆去，什麼也不想做。我不知道為什麼，身體就是恣意地倦怠，過著只是吃吃睡睡的慵懶日子。

同房的三個人——兩個美國人和一個荷蘭人，也都賴在床上不起來。年齡和經歷雖然不同，但都是漫長旅途盡頭終於來到這裡。聊天時，知道他們各有一段刺激的旅程，但現在個個筋疲力盡。還有這雨，雨天的加德滿都，除了抽大麻外，就只剩聊天可以消磨時間。聊天的內容不外是哪一個國家生活費用便宜、哪一個國家人民友善、哪一個國家喧囂吵鬧之類的評定。起先我很高興能獲得一些陌生土地的資訊，但後來感覺很難過。一個說有人請他吃飯，另一個說有人騙他零錢；他們就靠這些小事判定那個國家和人民的好壞。我聽了以後，很想怒吼說哪裡不都一樣嗎！難過的是，旅人那種與隨興互為表裡的卑鄙一定也沁入我的身體裡了。

在離開日本以前，我讀過某位著名歷史學者寫的歐亞大陸遊記，書中描述他坐車輾轉歐亞大陸之間，並重新真摯地審視身為日本人的自己，看完後覺得有些怪怪的。

歷史學者在旅遊途中遇到日本嬉皮，對他們懷疑自我生存方式而不斷旅行的態度深深感動。我確實記得書中有這麼一段文字：「那堅毅的眸子裡有著孤獨精神的曠野」。我覺得這種浪漫想法太過幼稚。

此刻，我做著和日本嬉皮同樣的旅行，終於明白那種浪漫想法不是幼稚，而是只看到皮相。因為他聞不到嬉皮散發出來的頹廢氣息。

嬉皮散發出來的頹廢氣息來自於長旅形成的漠不關心。他們只是過客：今天在這個國家，明天又到了另一個國家。可以過著對任何國家、對任何人都不必負責的日子。當然，那和因為旅行而任性胡為之類的無責任不同。他們這種無責任的背後有著深邃的虛無。深邃的虛無，有時候連自身性命都不關心的虛無。

有一次，有個國家醫院的護士來我們房間玩。她是美國人的女友，自然而然和所有房客熟識。她一進來就說：「昨天晚上有個法國男孩死了，抬進來時已意識昏迷，因為太虛弱，撐不到兩天。長得很帥，不知為什麼，他斷氣時口角流出淡淡的血絲。美麗得恐怖……」

荷蘭人問是什麼死因，護士不當一回事地說：「當然是用藥過量啊！」

死者好像在孟買迷上鴉片，不過，那天晚上，房間裡沒人再抽大麻。另一個美國人突然喊著「我受夠了，我要下去」，可是大家都知道他沒錢。有錢的人為避開雨季，早就南下印度了。

我想起一個故事。

從前，德黑蘭西北有個叫做「秘密花園」的地方，那是十一世紀到十三世紀間肆虐西域的殺手集團、屬於伊斯蘭教伊斯瑪儀派（Ismailis，伊斯蘭教什葉派的一個主要支派，亦稱「七伊瑪目派」。這個教派是從九世紀一個地下運動發展出來的——譯注）的根據地。他們在海拔四千公尺的高山上興建堅固的城堡，送出無數的殺手。他們是如何訓練殺手呢？據書上記載，教主哈山的心腹遊走各村，一發現適任殺手的強悍年輕人，便偷偷讓他們服下某種藥物。年輕人浮游幻想中而忘卻自我。他們趁機將年輕人帶往「秘密花園」。等待他們的是與世界隔絕、有如夢中的生活。經過數天的肉體歡享後，再讓他們服藥，送回村裡。但是村裡有的只是和以前不變的貧窮晦暗生活。嘗過幾天「秘密花園」的快樂後，現實生活的單調比以前更難以忍受。這時，教主的心腹再來到村裡，告訴年輕人，想要回到樂園，就必須服從教主的命令。

如此這般，許多年輕人被派去暗殺伊斯瑪儀派的敵對者。在年輕人出任務前，先給他們服藥，並告訴他們，暗殺成功的話，會帶他回樂園，萬一失敗被殺，也一樣可以去樂園。那藥就是大麻（hashish）。因此，西歐語言中意味著暗殺者的assassin字眼即源於大麻。

但是，那個吐血而死的法國青年究竟殺了誰、又消滅了什麼？是自身內部的文明？社會？家族？還是自己？他果真窺見了樂園嗎？……

可以確定的是，對他來說，自己的性命還不如伊斯瑪儀派敵人性命那樣值錢吧！

雨依然下個不停。

整個上午都趴在床上無聊地看著地圖，下午打起精神洗衣服，要等待陽光出來好曬衣服，還不知要等到什麼時候，但牛仔褲還是要洗。

在陰暗的公用沖洗檯上搓洗吸足水後變得又厚又重的布料，心情格外頹喪。洗好要曬時，發現室內曬衣架上沒有空位。因為天氣的關係，衣服難乾，別的房客的衣服總是吊在那裡。

這時，住在對面單人房的美國人過來收走自己的襯衫。我謝過他，把牛仔褲曬在空出來的地方，他茫然望著我，突然問我要不要抽大麻。我只知道他是美國人，反正在房間裡也沒別的事做，於是接受他的邀請。

我們正慢條斯理裝菸斗時，他的女朋友進來，一看到他就大聲哭叫。因為她說話的速度很快，又有點語無倫次，我聽不清楚她說什麼，好像是誰死了。在她歇斯底里的「死啦、死啦」的聲音中，我們根本無法吸食大麻。

又一個過著和我們一樣生活的年輕人死了。

再繼續留在加德滿都，總有一天，我也會成為對付自己的暗殺者，這份恐懼悄悄襲上心頭。但是回到自己房間躺在床上，開始徘徊夢境與現實之間時，恐懼感又被一層薄膜覆蓋，變成一種怎麼樣都無所謂的心情了……。

我想睡。

雨還繼續下著。

第九章 死亡的味道

印度（二）

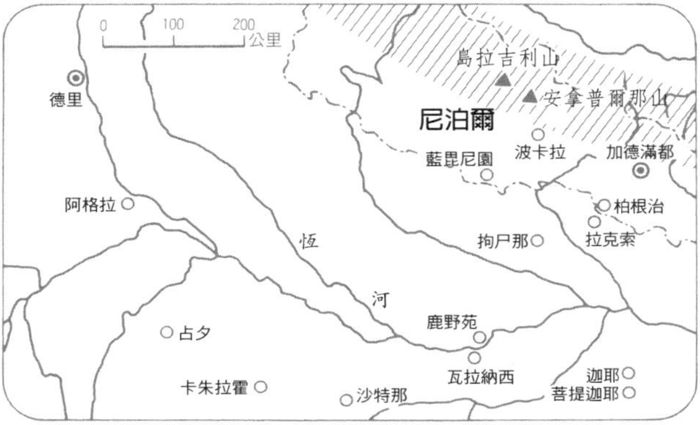

1

天還沒亮我就醒來。換好衣服，抱起昨晚整理好的旅行背包，悄悄走出房間。

「Bye.」

我關門時，房裡傳來小小的聲音，像是隔床的美國人。我是想盡可能不吵醒他們靜悄悄地走，沒想到還是吵醒他們了。我想回去打聲招呼，但想到自己比天天嚷著不要再待在這裡的他先離開，面對面一定很尷尬。何況，告別的話語昨晚都已說過了。

天氣非常晴朗，這從昨天的晚霞就知道，要走的日子卻是這般好天氣，讓人有些懊惱。

昨天下午躺在床上時迷迷糊糊睡著，醒來時暮色已濃。看看錶，已經過了六點，肚子雖然不太餓，還是得吃點東西，我打算去喬家餐廳，一出門不覺精神一振。雨不知道什麼時候停了，天空出現美麗的晚霞。

隱身多日的加德滿都東北高峰垂著瀑布似的雲，映著夕陽，分分秒秒變換色彩。壯麗得讓人幾疑真有一道橙色的飛瀑從峰頂奔流而下。

明天一定是晴天。我這麼想的瞬間，也覺得或許該離開這裡了。雨中離開可以憂鬱滿懷，但天氣好時愉快離開不挺好嗎。或許，錯過這次離開的機會，永遠也走不成了⋯⋯。

我不能錯過這個機會。

在喬家餐廳吃完水牛肉排後，我匆匆趕回旅館，宣布我第二天就要離開這裡⋯⋯。

擁擠的南下火車

在早晨清新的空氣中，我急步走向巴士總站。

要走哪條路線南下印度，我有些迷惘。最理想的是先到喜馬拉雅山麓的波卡拉，經過釋迦牟尼誕生地的藍毘尼園，再到印度教聖地瓦拉納西這條。但是通往波卡拉的公路依然不通，要去只有搭飛機。我不能採用那樣浪費的方式。考慮一晚後，我決定折返帕特那，再轉往瓦拉納西。雖然沒有新鮮趣味，但因為走過，比較安心，重要的是一定要離開這裡。

有班六點鐘開往柏根治的巴士。座位還很空。

上午六點，從加德滿都這「秘密花園」開往下界的巴士開車。

巴士前面坐著穿著整齊的乘客，後面是免費搭車的流浪兒或粗布衣衫的農人。我當然也坐在後面，旁邊是個不停吐痰在地板上的邋遢男人。

司機性格相當開朗，對面來車若是認識的司機，他一定停下車來，探身出窗和對方閒聊，不到後面有車子過來猛按喇叭催他不會停止。乘客也只能耐著性子等候。

比起來時路，天氣好果然感覺輕鬆愉快。

和下著微寒細雨的加德滿都不同，巴士裡熱得讓人流汗，從達曼山嶺可以望見喜馬拉雅山的皚皚群峰輝映著明亮的陽光。但是巴士老舊，毫不客氣地又出狀況。車行半路，引擎突然轉不動，乘客又須下去合力推車。之後，停車休息時，司機不敢再讓引擎熄火。

即使如此，還是在十個小時以後才到達國境小鎮柏根治。

我再度坐三輪車越過國境，進入印度的邊城拉克索。我來時匆忙沒有注意到，此刻才有餘裕比較柏根治和拉克索，意外地發現柏根治是個大鎮。因為對尼泊爾來說，國境是文化和物質流入的窗口，印度則認為只是單純的國境盡頭而已。

拉克索車站前那家蝨子旅館的拉客黃牛仍在招攬過路旅客，看到我的臉，好像還記得，笑嘻嘻地說：「今晚也住吧？朋友！」

旅館有蝨子也是無奈，但是這個人明明知道晚上也可以通過國境，卻騙人說夜間關閉，叫人住進他的旅館。我第一次通過國境，毫不知情，結果被他騙了。當然，被騙也是我自己不察，但我不想再讓這傢伙賺我的錢。時間是傍晚六點半。雖然可以不必勉強趕路，就在拉克索住一晚，但我還是一鼓作氣買了夜車的票。

上行列車八點開車。我坐在月台，喝著奶茶等車。

八點過後火車還沒出現。但是我不特別擔心，在印度，只有等，就只能等。正盤算火車什麼時候才會來時，一個揹著同樣背包的年輕白人靠過來問：

「你去哪裡？」

「帕特那。」

我回答後，他露出得救的表情。

「去帕特那的火車在這裡等就行吧？」

他好像也要去帕特那。

「大概吧！」

我含糊回答後，他不安地說：

「八點的火車還沒來，怎麼辦？」

「這……」

「已經八點半了。」

才延誤三十分鐘，無須擔心。我想這麼說，但我也沒把握我是對的。

「你要是擔心就去問站務員吧！」

「問了，他說馬上就來。」

「既然那樣，就不用擔心了。」

「可是，那是八點時間的。」

他不是太過擔心，就是還不習慣印度之旅。不論如何，都不像是有趣的聊天對象。但是我一沉默，他也無言地站著，無意離開。我心想真麻煩，不經意地看著他的臉，稚嫩的外表說是少年還比較貼切。我突然覺得不理他有點可憐，於是告訴他印度火車在時間上是如何隨便，設法讓他安心。雖然不至於讓他完全放心，至少我也在這裡等車，即使火車不來，我也會想辦法。他把背包放下，坐在我旁邊。

他主動告訴我，他是蘇格蘭鄉下人，要去紐西蘭的農場做工。他在歐洲一路搭便車，坐巴士經過中近東進入印度，順路往加德滿都。現在要南下帕特那，去加爾各答，再到曼谷。我和他恰恰反向而行，在這裡交會。他叫亞倫。

八點開的火車開進月台時已經九點半。我先跳上車，撥開下車的人潮往車廂裡走，占據兩個座椅上方的行李架。當然不是為了放行李，而是為了躺下睡覺。

亞倫隨後跟來，嘀咕著「我實在拿印度的火車沒辦法」同時，也爬上行李架。

火車一個小時後才開動。迷迷糊糊中，被車掌喊醒。「下車！」凌晨一點，不是抵達帕特那的時間，好像要在這裡換車。但是在月台另一端等候的火車上連車廂間的平台都擠滿人。

亞倫被那擠爆了的樣子嚇到，悽聲說「坐下班車吧！」但是印度的火車沒有「下班車」。我說你想等的話隨你，我要搭這班車，說完便奮力擠進超滿的車廂裡。

我忍受著腳踏不到地板的擁擠，幸好一個小時後，七、八個坐著的乘客下車。雖然座位立刻被其他人占據，但行李架的角落還空著一小部分。我爬上去，把行李整齊排好，弄出個可以縮著身體睡下的空間。

迷迷糊糊中，我又被車掌的吼聲吵醒。所有人都下車了。凌晨三點，應該還沒到達帕特那。我問車掌，他說這輛車在這站要分成兩半，我坐的這個車廂屬於被切離的後半段。

我一下車，就看到亞倫睡眼惺忪地從隔壁車廂下來。他也拚命地擠上這班火車。兩人繞到前半段車廂，這邊是正式的夜車，先上來的乘客早已占據所有能睡的地方，別說是座位，就連行李架和走道也都睡著人。沒辦法，我在通道一小塊空間鋪好睡袋躺下。亞倫看了說：「印度我真的受夠了，真想快一點去曼谷。」說著，也鋪著睡袋躺下。

途中因為列車故障，一個小時進退不得，抵達終點站時已是第二天上午十點。十二個小時的擁擠顛簸，每個人的表情都因灰塵和疲勞而慘不忍睹。

我們再度坐上大汽船渡過恆河，終於抵達帕特那。船和我來時一樣，花了一個小時斜斜開到對岸。

我享受盡情伸展四肢的幸福同時，坐在甲板上喝茶，吹著河風，感覺從加德滿都以來連續三十個小時的急行軍已經成了愉快往事。真是舒暢無比。我想表達這種心情，卻怎麼也想不出適當的言語。

這時，茫然凝望天空的亞倫冒出一句：

「Breeze is nice.」

我覺得真好！他是英國人，英文用得好沒什麼奇怪，但為什麼只是單純排列單字的這句話聽起來很美？Breeze is nice，微風真好……。

亞倫是單親媽媽的獨子。拋下母親離鄉，應該有相當的苦衷和心理準備。他看似徬徨無依，但個性中一定有著強韌的意志力。在帕特那告別時，我忍不住打從心底說聲：

「Good luck!」

聖城瓦拉納西

我坐上帕特那正午開出的列車。我照例坐三等車廂，雖然一樣擁擠，但在途中就有位子坐。

窗外只見一無遮掩的遼闊田園風景和藍天。燦爛的陽光下，車廂裡是我不曾經驗過的悶熱。終於像印度了。

五小時後再度碰上恆河，火車駛過鐵橋時可以看到對岸的城鎮。我問隔座的乘客那是否是瓦拉納西，他點頭說是。望著逐漸接近的城鎮，我的心開始躁動。

瓦拉納西是印度教徒的最大聖地，他們虔誠地相信，用流過這裡的恆河之水清洗身體，可以洗淨一切罪衍。但是我來瓦拉納西，並非關心它是印度教的聖地，而是因為聽說它是足以匹敵加爾各答，一座充滿猥雜和喧囂的城市。

的確沒錯。走出瓦拉納西車站一步，就置身在三輪車夫拉客的喧囂中。我身邊湧上不少車夫，可是我還沒決定去哪裡。

這時，一對揹著背包的中年嬉皮夫妻經過，我叫住他們，問哪裡有便宜的旅館。他們把自己住的旅館名片給我。那是中央旅館。為了小心起見，我問貴不貴。他們笑著說去看看就知道。他們要去加德滿都，於是我也把我在加德滿都下榻的旅館名片送給他們。

我把名片給靠過來的一個三輪車夫看，問他知不知道這地方，他得意洋洋地說當然。講好車資一盧比五十披索後，我放心上車。

三輪車不到五分鐘就停下。心想怎麼這麼快，抬頭看看招牌，名字不像卡片上的。

「不是這裡。」

「這是又便宜又好的旅館。」

「我要去卡片上的這家。」

我按捺怒氣，平靜地說，車夫是看扁我嗎？他更大剌剌地說：「到那裡必須三盧比。」

「我了解，那就在這裡下車吧！不過，我一披索也不給。」說著，我跳下車，車夫急著大喊：「等等，我去，你上來吧！」

我也學會對三輪車耍詐了。矯捷地跳下車也是讓他以為我說到做到的演技。終於來到人車擁擠的鬧區一角。但這車夫真是會打混，又把我載到別的旅館。我終於發怒，質問他；他好像是新手，真的不知道中央旅館在哪裡。

「你去問人，再帶我去，說好的嘛！」

他一路問人，總算來到那家旅館。我拿下行李，一個男人靠過來，我問他是中央旅館嗎。他說是，像要領路般走在前面。我付過車資，車夫跟在我後面，一定是想跟旅館要佣金吧！這時，領路的突然停下，和車夫吵起來。

他們吵了幾句，嫌司機糾纏不休而焦躁的領路人猛地一拳揮向車夫的臉。突然吃記重拳，車夫被打得趴到地上，流出鼻血。

車夫雖然被打，卻沒有站起來反擊，趴在地上畏懼地窺伺領路人的臉色。看到他那卑屈的樣子，我好難過。那車夫雖然讓人討厭，但我也無法坐視他受欺負。我不想再住這家旅館，拋下他們倆逕自走開。

我獨自尋找別的旅館，又有一個男人靠過來，說要找旅館他可以介紹。

他帶我去的是聖徒和乞丐成群的浴場（Ghat）附近、最繁華地區的老舊建築二樓。是個老人和小孩負責的便宜旅館。房間是只容一張床的狹窄單人房，要價六盧比，並不特別便宜。我有意住下，問可不可以降到五盧比。老人清楚地回答說，房錢是五盧比，電風扇費一盧比。我心想，說得好聽，需要電風扇嗎？後來才深切體會非常需要。如果沒有這個電風扇，夜裡熱得幾乎無法闔眼。

要是平常，我還會堅持講價，但是昨天以來累積的疲勞突然一湧而出，我懶得再四處找旅館，心想只要能夠躺下，睡哪裡都行。於是接受老人的開價，住進這裡。

老人走後，我躺在床上，感覺肚子餓得難過。離開加德滿都這兩天裡，沒吃過一頓像樣的飯。只吃了一個煮蛋、六片餅乾、兩片麵包和幾杯茶。

我去外面找餐廳。

閒逛進經過一家店，雖然是大眾餐館的水準，還沒開口就送上英文菜單。瓦拉納西是聖地，同時也是觀光大城。

菜單中有恆河撈捕的魚，要價三盧比，是有點貴，但為了慶祝我平安從加德滿都歸來，值得犒賞一下。事實上我也很久沒吃魚介類了，和我的感動之大相較，蝦子的泥腥味不是問題。

回旅館途中，我在攤子上買了一公斤兩盧比的芒果打算回去吃。但是一回房間就累得除了睡覺。什麼也不想，一躺到骯髒的床上，便像昏迷般沉沉睡著。

2

在瓦拉納西，你無法嚴然劃分聖與俗。他們互為表裡，同居一處。喧囂的隔壁有靜寂，悲劇的對面上演喜劇。瓦拉納西像是有生命者無秩序演出一切生與死的劇場城市。我身為觀眾，每天不厭煩地在街上到處觀賞各式各樣的劇情。

一天，我沿著恆河散步。說是沿河而行，其實只是從和河岸平行的道路穿過通往河岸的小路走到河岸。那裡有不少浴場。我轉進巷道，眺望浴場，回到原來的路上，又繞到下一個巷道，觀看另一個沐浴場。

現在好像不是季節，看不到壯觀的沐浴風景，多半是清洗身體頭髮的女人和把這裡當做游泳池的小孩。

那天，看過好幾個浴場後，突然撞見一個女人正要沐浴。

她裹著紗麗下河、漱口。雨季的恆河，流速相當快。她把纏在頭上的紗麗摺下來，出現一頭美麗的銀髮，是個老婦人。接著，她把身體浸在混濁的河水中，露出肩膀以上。一次、兩次、三次……。這時，紗麗完全貼著皮膚，清楚浮現身軀的線條。因為是老婦人，我為那不可思議的妖艷而屏息。不久，她雙掌掬水灑到前方。我說她在灑水是很奇怪，但我就是那樣的感覺。她掬起河水向前灑、掬起河水向前灑，好像無止無盡時，突然換用銀色的杯子重複同樣的動作後，終於上岸。

我完全不明白那動作有什麼意義，只能理解可能是一種祈禱。奇妙的是，在那祈禱動作中感受到的虔誠印象因為她的妖艷而倍增。

我覺得瓦拉納西像個無秩序演出生死戲碼的劇場，是因為類似在那無名浴場為老婦人的虔誠心動、心情肅穆歸來途中，又撞見破壞那份感受的滑稽鬧劇之故。

瓦拉納西悲喜劇場

瓦拉納西有好幾個浴場，旅館附近的達沙蘇瓦美河階浴場（Dashashvamedh Ghat）是最熱鬧出名的一個。人來人往，三輪車夫群集。穿梭在來自四面八方的三輪車陣中，不可能不發生擦撞。

我從上游的浴場歸來途中，看到送牛奶的腳踏車被三輪車撞到，橫倒在地，裝在後座貨架上的金屬大桶牛奶灑了出來。三輪車沒什麼傷害，直接走人。送牛奶的扶起腳踏車，託行人看管，自己去追三輪車，抓住車夫的手臂。

這下有趣了，我看著熱鬧，撞人的三輪車夫反而怒吼，送牛奶的立刻軟弱下來。

像這樣，我在印度時常看到受害人因為對方態度凶狠而突然軟弱下來的情況。是因為種姓制度的理由還是其他原因，我不知道，但是看到有人明明有錯還兇對方時，我真的很生氣。

我在買到瓦拉納西的車票時有過類似情況。在印度火車站買票非常辛苦，也是排得長長一列，等候許久。這時，來了一個像是有點錢、外表體面的中年人，他打量長長的人龍後，盯著一個排在前面的男人。那人看起來就是一副怯懦的樣子，中年人態度蠻橫地向他喊了一聲，插在他前面。那人小聲地抱怨，中年人一吼，他又沉默下來。而且旁邊的人都沒說話。我很生氣，喝斥那中年人。

「我們都在排隊，你到後面排！」

他還假裝不知情。我真的生氣了，走到他旁邊大聲說：

「This is line!」

我在他耳邊重複喊了三次，他才心不甘情不願地繞到隊伍最後面。但是我真正生氣的不是這個很會鑽空取巧的中年人，而是任憑他擺布的懦弱男人。

這個小車禍也一樣。的確，一般說來三輪車的立場是比較強硬，他們常在街上邊喊「車來囉、車來囉」邊跑，一般腳踏車是會讓路的。但是這次明顯錯在三輪車，送牛奶的男人還是吃了一陣排頭，垂頭喪氣地回到腳踏車旁。

但是，像是默片裡的混亂場面就此發生。

面對大街閒坐的糧食店老闆看到牛奶灑在路上，立刻奔到後面牽出狗來。督促狗去喝灑出來的牛奶。這樣大快朵頤的機會是難得有，狗也真的想喝，可是馬路上三輪車奔馳不斷，狗無法接近牛奶。剛要靠近，就差點被三輪車軋到，尖聲哀叫地跳開。狗張開嘴流著口水，不敢再靠近一步，只是懊惱地看著。靠近又跳開、靠近又跳開。那無止無盡的反覆動作簡直像卓別林電影的一幕。

三輪車流暫時中斷，狗好不容易能靠近時，牛奶早已被車輪輾軋得滲進土裡，無影無蹤。但狗還是哀哀叫著、拚命舔著沾了牛奶的泥土。

卓別林電影中那種讓人笑裡含悲的光景，和一旁望著狗的狼狽模樣大笑的印度人何等神似？

為了觀看這些毫無秩序演出的大大小小戲碼，我在瓦拉納西滯留了一段時間。

說到看戲，我住的旅館本身就是瓦拉納西劇場的最佳觀眾席。

清晨五點，因為太熱，難過得醒來。到屋頂上乘涼，一上去就看見晨曦耀眼的天空、恆河的流水和已經出來活動的人們。回到房間，躺在床上打盹時，攤販的嘈雜喧鬧像蒸氣一般冒起。七點鐘，陽光炙人，根本無法再睡。看看窗外，青菜攤、水果攤、花攤、玩具攤，還有賣宗教小商品的攤子都已擺好。聖徒和乞丐也都各就各位。不久，三輪車滿街奔馳，開始拉生意，還可以聽到言語爭執。我毫不厭倦地看著。

夜晚，從窗戶探頭出去，賣笛子的少年剛好過來，問我要不要買。我問他多少錢，他說五盧比。

「Takai（太貴了）！」

我不覺用日本話喊著，但意思居然也通，他就四盧比、三盧比、兩盧比的一直降價，最後降到一盧比。

「不好意思，我在加爾各答買了。」

他問我買多少，其實我花了兩盧比，但怕老實說後他會懊惱，於是說一盧比，這時那少年像是耍人似的喊說「Takai!」

從那以後，他一看到我就喊「Takai」，順便吹一曲音色美麗的曲調給我聽。

旅館裡有個幫忙打雜的十歲少年，名字叫尼南釀，他不強索物質，開朗而含蓄，個性在印度小孩中少見。

我和尼南釀談話，起因於洗衣服。

瓦拉納西和加德滿都不同，白天日頭炎炎，襯衫曬一個小時就乾了，洗起衣服來特別帶勁。

我哼著歌曲把洗好的衣服攤在屋頂的水泥地上，尼南釀上來後，逕自撿起角落的骯髒磚頭壓在我的衣服上。我知道他是一番好意，不讓風把衣服吹走，可是我好不容易才洗乾淨的衣服卻給泥土弄髒了。而且，當時也沒有會把衣物吹走的強風。他的好意讓我暗自苦笑，但我也不便拂逆他的好意，只好讓磚塊繼續壓在衣服上面。

可是下午我到屋頂去拿衣服時，大吃一驚。那裡有一群從對面大樹爬過來的猴子在曬太陽。猴子看到我也嚇一大跳，驚慌逃開，但在所有猴子跑開以前，那隻巨大的母猴一直對我齜牙裂嘴作勢威嚇。原來，那塊磚不是怕風吹走衣物，而是不讓猴子拿走我的衣服。

我立刻去向尼南釀道謝。他用肢體語言告訴我，瓦拉納西有很多野猴子到處闖蕩惡作劇，可是大家又拿那些猴子沒辦法。這就是印度所以為印度的地方。

從那以後，我洗衣服後，尼南釀就會特地跟到屋頂幫我放磚。

不乞求東西的尼南釀只要求過我一件事，問我能不能幫他照張相。在加爾各答時因為價錢沒談攏，照相機沒賣掉，於是我爽快地答應他。他趕快跑出房間，穿上大概是他最體面的一件襯衫，還梳了頭髮回來。但我感動的是，他不只為自己、也問我能不能為另一位也從事體力工作的少年照相。

這個善良的尼南釀也受到種姓制度的絕對控制，對那拿著小小掃帚清掃房間地板、明顯屬於比他更低階層的同年小孩不掩輕蔑之色。他看到那少年在我房間待久一點，就會連踢帶罵地趕他出去。每一次我都心情黯淡地想，尼南釀，連你也是這樣嗎？

我沒有地圖，也沒有目標，只是隨意漫步瓦拉納西街上。

我只穿著汗衫、寬鬆褲（pyjamas）和皮涼鞋。涼鞋是在瓦拉納西買的，汗衫和寬鬆褲是在菩提迦耶訂做的。那是用白棉布作的類似睡衣的寬鬆衣服。pajamas（睡衣）的語源大概就來自印度的pyjamas。在市場的布店買好喜歡的布，到附近的裁縫店，花一小時就車好了，不過七百圓，價錢便宜，布料又通風，很適合印度的氣候，穿起來非常舒服。

這身打扮走在街上，賣西塔琴和念珠的小販就不會招呼我。我的皮膚已經曬得像印度人一樣黑，人又瘦，只有眼睛亮晶晶的，就像個在地人般閒晃。

我邊走邊想著早上吃什麼。走著、走著，走了好久，看到一個賣香蕉的攤子。

「多少錢？」

我用印度語問那個胖胖的中年人，他訝異地盯著我。我再問一次：「這香蕉多少錢？」他才搞懂似的點點頭，指著旁邊一個寒酸的男人。原來我問的不是老闆，而是買東西的顧客。我拚命道歉，他笑著抱著肩膀，像說沒事、別介意，然後問：「America?」

我不懂他的意思，反問：「America?」他點點頭，又問一次。

他是問我是不是美國人。在瓦拉納西，離市中心稍遠的地方仍有不少人沒看過外國人。我可是一心想裝成在地人的，感覺有點失望。

「不，日本人。」

我說完，他又點點頭，抱抱肩膀。

香蕉六根一盧比，但其中包括那中年人送我的一根。我沒有零錢，拿出二十盧比的鈔票，換算日幣不過七百圓，但對小販來說卻是一筆大錢吧！老闆把鈔票高高舉在頭上，鞠了兩三次躬。當然不是對我，是對鈔票或者是神。

傍晚回到房間，看到窗外一隻小猴子拚命伸手想搆桌上的芒果。我每次買的芒果都太熟，於是這次買了青的回來，反而硬得不能吃。我懊惱被掃地板的少年愚弄，一直放著沒動等它熟。小猴子看到了想拿，隔著窗戶的鐵欄杆，怎麼也拿不到。我覺得有趣，一直看著。

夜就在這當中悄悄來到。

河階火葬場

一天，我像往常一樣漫步瓦拉納西街頭，繞進彎彎曲曲的巷道，頓失方向感。我抱著迷路的不安和穿過小巷會到什麼新鮮地方的淡淡期待繼續往前走，突然、完全突然地來到恆河岸邊。

那裡也是個浴場，但和一般的浴場有些不同。雖然也有走下河裡的石階，但旁邊有個石頭固定的較高台地，還冒著煙。好像在燃燒什麼。瞬間，火葬場的想法閃過腦際，心想不會吧！在這市中心、又是浴場旁邊，應該不會是火葬場吧！浴場裡有五、六個男女，泰然自若地浸在河水裡。這時風向一變，台地那邊飄來奇怪的味道。搞不好就是！我移到可以清楚俯瞰台地的地方。

台地上有三塊燒得焦黑的東西和一塊用嶄新的布包裹的東西。那三塊已經和木柴一起焚燒殆盡，看不出是什麼東西。但是正要開始燒的那一塊，鮮豔的黃布下大約浮現人體的形狀，綁在青竹編成的梯架上，放在大量木柴上。看來這裡真的是火葬場。

不久，那布塊冒出煙來，氣味隨風流散，和書本上敘述的不同，不是嗆鼻的異臭，倒像是一種甜膩的味道。

我茫然看著，聽到台地下有人喊叫。我探頭一看，那裡又有三具屍體，其中一具正被抬上小船。工人在船頭放上一塊平坦細長的石頭。接著把紅布包裹的屍體從青竹梯架卸下，放在石頭上重新綁好。工人用力晃動小船，屍體的左臂從布裡面露出來，長長的頭髮落到河面。是一具女屍。

工人又在屍體旁邊排起較小的石塊，放上用白布包裹的小屍體，同樣綁好。大概是某個原因母子同時死亡吧！

四個工人坐進載著大小兩具屍體的小船，慢慢划離岸邊。

我聽說在印度，死於傷寒、天花、被殺、車禍等意外不能全其天壽的死者，並不火葬，而是直接放水流去。這對母子可能也沒有竟其天壽而放流於河。

我以為放流是在河中央，但是工人在不到河幅四分之一的地方就把綁著石頭的屍體扔下船去。重物打在水面發出鈍聲同時，小屍體也被扔下去。如果他們真是母子，或許終於能在河底迎接他們的安詳時刻了。

工人扔下屍體後，各自用河水沾三次額頭，雙手掬水灑向遠遠的地方以淨身，然後划回岸邊。我視線追著逐漸靠岸的小船，在距離他們不遠的水面突然浮起一塊白色的東西，說時遲那時快，成群烏鴉從天而降，開始啄食那東西。

看到那情形，我恍然大悟。

前天在恆河下游的鐵橋附近散步時，水面也是突然浮起一塊灰色的東西，那時烏鴉也是從天而降猛烈啄食，當時還在猜想那是什麼，原來那也是屍體。綁在石上沉入河底的屍體，時間久後因繩索腐爛或是自動解開而突然浮出水面，烏鴉就啄食那腐屍之肉。

我再望向火葬場，那具新的屍體已完全焦黑。瘦削的工人用陶土壺裝著恆河的水灑入還在悶燒的火中。目的不像是為滅火，是一種儀式的色彩較濃厚。接著，工人手拿一根長青竹伸進燒完的木柴裡，撥出黑焦塊。從形狀知道是屍塊。可能火焰的溫度不夠，骨頭上還粘著燒焦的肉。工人要用青竹勾起屍塊放到台地下。但是竹竿不聽使喚，勾了幾十次才終於勾起，他使勁一甩，過多的力量把屍塊甩到恆河裡。烏鴉又撲向浮在水面的黑塊開始啄食……。

然而，在這火葬場邊，我感到異樣的不是烏鴉，而是牛。這個浴場裡也有野牛徘徊，台地上飄來焚燒屍體的煙霧時，牛就張著嘴，瞇著眼，伸直脖子，表情恍惚地嗅著那味道。

我一整天就在火葬場看人燃燒屍體、放流屍體。

第二天下午我又想去火葬場看看。我鑽進昨天那個巷道，照原路走著，但怎麼也走不到火葬場。沒辦法只好先回旅館，問尼南釀。他不會說英語，我的印度話也不到會說「火葬場在那裡」的程度，於是我在紙上畫下昨天看到的火葬場圖，用肢體語言說我想去那裡。直覺不錯的尼南釀立刻了解，但告訴我怎麼走好像太難，於是專程為我帶路。但是連他也在巷道中迷了路，每個轉角都要問問路人。

火葬場已經冒起了煙，小船也開始往返。屍體數量比昨天更多，青竹梯架抬來的屍體仍源源不斷。

這時，有具屍體是包在漂亮的金絲銀線刺繡布裡。一個親人突然掀開那布，露出老人像撲上白粉般土黃色的臉。親人用恆河的水清洗老人的臉好幾遍。這個老人活到這把歲數，又包在這麼漂亮的布裡而死，和昨天的母子比起來，應該是幸運的。

牛隻徘徊、烏鴉爭食，這段期間，火燒、水流，一具接一具屍體被處理掉。在無數的死亡包圍中，我的腦筋逐漸空白，感覺身體飄在空中……。

尼南釀在我旁邊也默默看著。我叫他先回去，但他擔心我，沒有回去，他如何看待這無數的屍體，我不知道。我們就這樣茫然枯坐近半天的時間。

「回去吧！」我說。

尼南釀鬆口氣似的點點頭，他大概覺得無聊吧！這也難怪。

回來的路上，碰上一列送葬的隊伍。全員低聲哀歌，一個人領頭唱著，其他人跟著繼續。蓋著屍體的白布上爬滿無數蒼蠅。

我們停步目送隊伍，尼南釀天真地問：「Very good?」

這大概是他唯一會的英語吧！我不知道該如何回答。

那天夜裡，我難過的數度醒來。瓦拉納西的夜一向悶熱，那一夜並不特別，但我就是一再醒來。在淺淺的睡眠中，我彷彿夢見表情恍惚、嗅著焚屍氣味的牛群。

3

翌日晨起即覺渾身倦怠。黎明時實在熱得受不了，開著電風扇猛吹，果然不妙。是感冒初期的倦怠，我並不怎麼擔心。離開日本這半年來，我幾乎沒有生過病。別說感冒，連腹瀉也不曾有過。怎麼會為開著電風扇睡覺這點小事就感冒了呢？就和往常一樣，我沒當一回事。

但是錯了。

這天是「黑天神（Krishna，象徵豐收和幸福，為司掌「維護」的毘濕奴第八化身——譯注）」的誕辰，街上擠滿為祭典歡慶的人們。我也混在他們中間閒晃，進入寺廟聆聽唱歌似的祈禱、湊近路邊人堆裡聽賣電燈泡的小販說上一個小時的廣告詞。

街上整天整夜放著音樂。睡覺以後也數度被擴音器傳出的音樂吵醒。在斷斷續續的睡眠中，夢見自己身體融化、變形。睜開眼後，身體變形的感覺還鮮明地留在體內。睡得難過，但也不能就這麼開著電扇睡覺。距離天亮還有一段時間，我還是起床。

也沒事做，就在微暗的房間光線裡漫然地攤開地圖。心想，瓦拉納西實在太熱了，索性到涼快一點的地方去吧！雖然瓦拉納西可以再多住幾天，但我逗留的這些天也感覺頗滿足了。

病情來勢洶洶

我看著地圖，看到卡朱拉霍（Khajuraho）的地名。要去德里，到這地方是繞遠路，但比起瓦拉納西，地勢似乎較高。卡朱拉霍有大量刻著性愛浮雕的寺廟群，重要的是那裡比較涼爽，可以獲得充分好眠。我天一亮就出發往卡朱拉霍。因為覺得擇日不如撞日，但這個決定好像錯了。

從瓦拉納西坐巴士去卡朱拉霍，途中必須在沙特那（Satna）小鎮換車，但遠比火車輕鬆。我等到天亮，問旅館的老人，他說去沙特那的巴士應該是九點開車。手錶指著上午七點半。我收好行李，向尼南醵告別，坐三輪車先到火車站。下車後先給車夫一盧比，再數了五十披索的零錢給他時，他說：「講好是一盧比五十披索的。」

我覺得奇怪，他在說什麼啊？

「剛才不是給了你一盧比嗎？」

「我沒拿啊！」

「不是給你了嗎？」

「你只給我五十披索。」

說著，他還向周圍的行人大聲嚷嚷。

他好像說我想賴掉車錢。看熱鬧的傢伙擠過來，瞬間圍起一道人牆。在印度人的包圍下，我茫然望著車夫語氣激烈向他們控訴的開闔不停的嘴唇，漸漸感受到壓迫感。我沒精神和他對質，於是說，既然這樣，叫警察來好了！意外的是，他毫不退縮，回說就這樣吧！

一個好管閒事的傢伙拉來路過的警察。車夫用我完全不懂的印度語拚命向警察說明。我想叫他說英語，可是他不理我。警察聽完，用標準英語對我說：「你必須再給他一盧比！」

我堅持說別開玩笑，早已經付過了。但是警察不接受我的說法。此外，車夫還脫掉襯衫說：「看！哪裡有一盧比？」那動作更令我不舒服。我甚至懷疑會不會是我弄錯了？這樣僵持了三十分鐘，我終於認輸，付了一盧比。告訴自己，如果是我搞錯了，那沒話說，如果是對方說謊，也算見識到了誑騙的本事。

群眾散去、車夫也得意洋洋地離開後，我渾身發燙。當時我只簡單地認定是因為剛才的亢奮，其實我應該早點警覺自己的身體和旅行的齒輪開始不對勁了。

到了巴士站，發現和旅館老人說的大相逕庭，下午三點以後才有開往沙特那的巴士。要坐巴士，到達時已是晚上九點，必須在沙特那過夜。我回到火車站查看火車時刻表，有班九點三十分開的慢車。我想，這車再怎麼慢都會比三點開的巴士早到吧……。

可是我又錯了。

起初我有位子，不久有人說這是預約席而被趕起來，只好坐到被推來擠去、地獄般的三等車廂裡。而且，到達沙特那時已經晚上十點。要再趕去卡朱拉霍好像太勉強。

下了火車，感覺人輕飄飄的，我觸摸手腕部位，非常燙，好像真的發燒了。我要尋找廉價旅館，但突然覺得到處繞麻煩，於是住進火車站前那家很大但不乾淨的旅館。我付給櫃檯五盧比，走進牆上塗得亂七八糟的房間，倒在骯髒的床上。

我想，終於來啦！之前我和一切疾病無緣，這下終於來啦！而且是猛烈襲來。我躺在床上，不只發燒，頭還痛得忍不住要呻吟。這或許不是普通的感冒。

在抵達瓦拉納西前連著兩天急於趕路沒有休息，抵達以後又沒好好休息養神，整天在大太陽底下打轉。加上天氣炎熱，睡不著也吃不好，身體自然吃不消。我高估了自己的體力。一定是抵抗力減弱，感染到某種病菌了。

幸好離開日本時帶了抗生素，雖然不知道是什麼病，總之先吃藥再說。但是我不想傷胃，吃藥前必須先填點東西在肚子裡。雖然毫無食慾，但不吃的話情況更糟糕。

我從床上起來，步履蹣跚地走出旅館，走進附近一家大眾餐館。店裡沒有其他客人，我點了印度式套餐。我問年輕老闆多少錢，他說三盧比五十披索。我覺得有點貴，可是沒有再找別家的力氣。

我手肘撐在桌上，抱著腦袋等待飯菜上桌。餐館裡播放著印度歌謠。感覺好像在哪裡聽過那旋律。

「這是《波琵》的主題曲嗎？」

我問經過的老闆，他驚聲說：「你也知道？」
「當然，看過電影了。」
「你看啦，怎麼樣？」
「演波琵的那個女孩很有魅力。」
他好像自己女朋友受到讚美般高興得拚命點點。
不久，咖哩飯端出來，我用手吃，老闆走過來問為什麼不用湯匙。
「因為這裡是印度啊！」
我說完，他高興地笑著，自言自語地重複兩次here is India後走進廚房。他再度出來時，拿著燻羊肉問我吃不吃。身體好的話，我會吃得一點不剩，但現在再怎麼撐也吃不到一半。
我到櫃檯算帳時跟他道謝並道歉，要付三盧比五十披索時，老闆調侃地說：「欸，我沒說是三盧比嗎？」說著，還我五十披索。
好像是沾了《波琵》的光。
回到旅館，吃過藥躺下，因為發燒和頭痛而睡不著。我熄掉電燈躺著不動，心臟每次將血液送出時，我就感到一股鈍器重擊腦髓的痛楚。但是一開燈，為了不發出呻吟而忍耐頭痛時，牆上的髒污在濕潤的眼中變化成異形，感覺牠們在蠕動、搖晃、擴散、膨脹、爬行，向我撲過來。

在不知是睡是醒的朦朧狀態中天亮了。

怎麼辦？怎麼辦才好？腦中朦朧地想著。這身體不像能撐著再走，但是躺在這裡不動病也不會好。在這商務旅館的潮濕房間裡，感覺好像更嚴重。我聽說卡朱拉霍有家叫做「Tourist Bungalow」的平價國營旅館，或許應該早一天到那裡調養身體。

4

往卡朱拉霍的巴士在清晨六點四十五分開車。我腳步不穩地趕到車站，坐上巴士。熱度好像降低一些，但依然頭痛。每當車身顛簸，就覺得整個人要跳起來。反正，十點左右就會抵達卡朱拉霍。到時再找張舒服的床躺下。我靠著這個想法忍耐身上黏膩的油汗。

可是，巴士突然半路停下。路中央倒著一棵直徑約一公尺的大樹，我感到絕望。這棵大樹幾十個人都拖不動。這裡又是狹窄的山路，不可能繞路。找輛推土機來恐怕比折返回去走別的路方便。可是這附近沒那麼巧正好有推土機。而且我問過旁邊的人，去卡朱拉霍只有這條路。否則，就只能折返沙特那。到這個地步我就認命算了，我自暴自棄地閉上眼睛。

我好像睡了一個多小時。巴士再度啟動的引擎聲把我吵醒。往窗外一看，那棵樹幹已從中劈成兩半，弄出一個巴士勉強可過的空隙。我放心的同時，又為自己睡著了沒有幫忙感到不好意思。不過我這病厭厭的身體就是加入，怕也沒派不上什麼用場。

外國女孩的體貼

十一點抵達卡朱拉霍。卡朱拉霍和菩提迦耶不同，但仍是個安詳寧靜的農村地帶。

好不容易找到Tourist Bungalow，遺憾的是，經理說沒有房間。我不覺當場坐在地上，我已經沒有力氣再動。我想，既然沒有房間，就在院子裡的長凳上躺一躺。我仰望經理，拜託他幫我想想辦法，他大概也察覺我的迫切需求，認真地重看一次預約表。

經理凝視預約表後，有點困擾地說：「只要一張床的話，或許可以想想辦法。」

我也不再說什麼想要單人房的廢話，眼前暫時得救，我向他說謝，他慌忙補充說：

「可是，要到下午五點才能給你明確的答覆。」

我再度失望，但眼前的煩惱是，我如何等到那時候，我死乞百賴地拜託他。

「即使沒有，也先借我一張床，讓我躺到那時候好嗎？」

經理審視我的表情，考慮半晌，投降似地點點頭。

他帶我去的是間四人房。房間沒有任何裝飾，寬敞清潔。我選了最裡面那張床，把背包放在旁邊，連去吃午飯的力氣都沒有，吃過藥蒙頭就睡。

傍晚，聽到悄悄的說話聲醒來。是發音柔軟的法語。睜眼一看，微暗的房間裡有兩個白人女性。原來這是女生住的大通鋪。所以經理才那麼困擾。他一定是想先獲得她們同意後才能正式答應我。看到她們床上已經解開的行李，顯然是她們同意讓我住下。我想起來打聲招呼，她們立刻用手制止我。經理已經跟她們說過我的情況了。

「感覺怎麼樣？」栗色頭髮的女孩用蹩腳的英語問。

「不太好。」

「我們要去吃飯，想吃點什麼嗎？」另一個金髮女孩說。

她們在西方人裡面身材都算嬌小，但充滿知性美。

「謝謝，我什麼都不想吃。」

我說完，她們輕巧地走出房間。

不知睡了多久，開門聲再度把我吵醒。她們安靜地回到房間，看到我醒來時就招呼我。

「醒來啦？」

「剛剛。」

「幫你買了這個。」

金髮女孩把裝著蘋果的紙袋拿到我枕邊。

陌生而且不明來歷的東洋男人同住一個房間，對她們來說應該不是愉快的事。可是她們不但爽快答應，還這樣親切待我。我不知道該如何表達感謝的心情，只能一再說謝謝。

「謝謝。」

我好不容易吃完一個蘋果，又開始迷糊想睡時，房間的燈光全都熄滅。聽到短暫的壓低嗓音說話聲，但很快就沒了。我正想說「你們隨便聊、不用管我」而睜開眼睛時，她們正準備睡覺。

一個已經上床，另一個脫掉襯衫和牛仔褲，身上只剩一條內褲。那身影清楚浮現窗外照進的月光中。

彎身脫下牛仔褲的背部映著月光，白嫩的皮膚泛著藍光。她雙手握住頭髮，輕輕甩頭，金髮微微晃動。在黑暗中，形狀小小的胸部形成淡淡的剪影微妙地晃動。我是在作夢嗎？是發高燒而出現的幻覺嗎？為什麼還能清楚看見她背部微微拂動的細毛。年輕女孩的裸體當前，我茫然呆望那超現實的美甚於湧起原始的慾望。

早晨醒來時感覺舒服些，觸摸手腕部位，熱度已消褪。我一時高興，認為抗生素有效。但是喝過茶再回到房間時又難過起來。只是一時退燒而已。我又陷入昏睡。醒來時已是黃昏。

我依然沒有食慾，但覺得有義務要吃晚餐而出門。腳步蹣跚地回來時，一整天參觀各處寺院浮雕的兩個法國女孩已經回來了，看到我就擔心地問：「怎麼樣？」

「沒事了。」

那天晚上她們還是很安靜，吃完飯回來，配合我的情況，八點鐘就睡了。

身體像懸在半空的高燒痛苦中，我作了許久不曾做的夢。小時候感冒發燒時必定作夢。一夢到那些就知道自己此刻正在發燒。有柿子樹的庭院、排著味噌桶的商店。吊著電燈泡的幽暗天花板……。沒有意義、毫無脈絡，只是一再出現又消失。

十多年沒做過這個夢了，我那像是豆腐在滾湯裡面咕嘟咕嘟晃動的腦袋，想著這或許是一種智慧燒。在瓦拉納西火葬場的那段奇異時間害我發燒。源源不斷送來燒掉、放流的屍體。我不曾被那麼多的死亡包圍。我只能像小孩子似的睜大著眼睛凝視，因而發了這場混亂得無以整理的高燒……。

早上起來時燒退了。我擔心又像昨天一樣，但身體感覺非常輕爽，這或許是兩位室友的細心體貼所賜。

她們要搭上午十點的巴士離開卡朱拉霍，去瓦拉納西。

「身體怎麼樣？」栗髮女孩一邊收拾背包一邊問。

「託妳們的福，非常好，妳看！」

我從床上輕快地跳下，金髮女孩勸我不要勉強。

分手之際，我和自稱是巴黎學生的她們交換地址。我說往後某一天會去巴黎，她們說你來巴黎後和我們聯絡，可以幫你找住的地方。不只如此，她們還說，如果她們旅行還沒回去的話，可以去找她們的朋友，一定會幫忙的。說著，也把她們巴黎朋友的地址給我。只是萍水相逢，也沒交談過幾句話，卻感覺和她們相當契合。尤其是金髮女孩，如果再繼續住在同一個房間，我一定會心動的。可是我現在必須和她們告別。我想，就把她們的親切當作純粹的親切而接受吧！

我送她們到巴士站後，慢慢在鎮上閒逛。來到卡朱拉霍第三天，才終於參觀那些出名的石造寺院。

據說在最盛時期的十世紀到十一世紀間，這裡有八十五座寺院，後來被伊斯蘭教征服者破壞，如今僅存二十五座。其中一座寺院的牆上大約刻上八百多具浮雕，那還只是觀光手冊上寫的，實際上看過寺院牆壁四面的浮雕後，感覺有一兩千具那麼多。

浮雕有揮舞短劍迎戰不知是龍還是天馬的怪獸的男子、拔腳刺的女人、幸福相擁的男女、守護這對男女的神、吹笛打鼓的人、大象、駿馬、遊行、舞蹈，還有意想不到的男女合歡圖。

男人從背後抱住女人。女人右手纏著男人頸部吻著他的唇，左手緊緊握住男人的陽具。或者，男女正面相擁，女人雙腿交纏在男人腰部。極端的還有倒立的合歡圖。每一個都是複雜而大膽的體位。但我真正驚異的，不是那肉體交歡的姿勢之多，而是躍動線條所表現出的女人的愉悅。

在明亮強烈的陽光下，彷彿聽到奔放扭曲肉體的豐滿女人口中吐露的歡悅之聲。

印度曾經有過這樣奔放豐盈而開放的性嗎？看過無數的屍體後又看到無數的男女歡愛浮雕，落差之大，讓我不覺嘆息，甚至產生像是哲學家的感觸。帶著濃郁草味的風吹來，我在寺院日蔭下坐了相當長的時間，任憑各種思緒浮起又消失。

吃完遲來的午餐，回到旅館，經理吞吞吐吐地跟我說，暗示我該離開了。他這樣做自是當然，我也不能一直住在女用房間裡。那兩個法國女孩可以諒解，但下一個客人未必能接受。經理對我說：「好像很有精神了。」的確，比起兩天前我是好多了。

「我了解，我離開吧！」

我回房間收拾行李，卻不知下一步該如何。不怎麼想離開這裡去找廉價旅館。

我本來計畫在卡朱拉霍之後再去阿格拉，我該直接去阿格拉嗎？在卡朱拉霍繼續欣賞浮雕固然是好，去參觀泰姬瑪哈陵（Taj Mahal）也不壞。要這麼做，不如暫時先去占夕（Jhansi），然後去阿格拉。

我查看地圖，從阿格拉到德里只是一箭之遙。知道以後，之前還茫茫渺渺不知什麼時候才到得了的德里突然感覺好近，感覺隨時可去。

身體狀況也相當好。我打定主意去占夕。問過經理，往占夕的巴士三點鐘開車。我說要搭這班車，謝謝他讓我住了兩天。

5

等車時，身體又漸漸發燙起來。不祥的預感。雖然覺得危險，但我無意中止計畫。重要的是，我不想浪費車票錢。然而，為了節省這九盧比，我卻付出更大的代價。

開車不到一個小時，我的顧慮成真。不只發燒，頭也發疼。隨著車子顛簸前進，痛得越來越厲害，我咬緊嘴唇，忍著痛苦，熬過到達占夕的六個小時，沒多久就咬出血來。

晚上九點。巴士終於開到占夕火車站前。我搖搖欲墜，無法去找旅館。蹲在車站裡面不動。該怎麼辦？模糊的腦袋拚命思索。看這樣子不去醫院不行了。

但是要去醫院，在這個無人可仰仗的地方都市裡，我該如何具體行動。毫無頭緒地徘徊在這夜晚小鎮上或許更糟！乾脆直接坐夜車到德里。到了德里，或許就有辦法。如果搭臥車，病痛或許在睡眠中自然痊癒。

我明知事情沒這麼簡單，仍盡量抱著樂觀的期待以逃避痛苦。腳步搖晃地買好車票，幸運的，十點鐘的夜車一等臥鋪還有票。我毅然坐上這班預定明晨六點抵達德里的列車。

一上車立刻躺下。但事與願違，頭痛得更厲害。車輪每次軋過鐵軌接縫時，我就頭痛欲裂。起初我還可以抓著頭髮忍耐，等到同鋪間的紳士發出微微鼾聲後，我終於忍耐不住地呻吟起來。整個晚上就在堅硬的臥鋪上痛苦得打滾。

清晨六點，火車終於到達德里。

本來該在半年前就高高興興來到這前往倫敦野雞車之旅的出發點，如今卻痛苦得歪著臉走下火車。我雖然想自嘲這充滿諷刺的情況，但是無法自在地活動兩頰肌肉。不論如何，這裡是德里……。

我一下火車，就倒在月台的長椅子上，好一陣子像在恆河火葬場的屍體般無法動彈。約莫過了一個小時，身體終於能夠動了，走到站外叫計程車。

「去ＹＭＣＡ嗎？」

只能擠出這句話。我這種窮旅人能住叫得出名字的旅館只有ＹＭＣＡ。司機看看我的樣子，也沒廢話，立刻驅車前行。

「我要房間。」

一進ＹＭＣＡ我就說，櫃檯的男人說房間是有，但距離check in的時間還早。

「能不能給我現在空的房間？」我忍住暈眩地問。

「哪裡不舒服？」

「全身。」

「很嚴重嗎？」

「大概吧！」

櫃檯男人叫來一位年長小弟，命他拿起我的行李帶我去房間。我聲音嘶啞地謝謝他，跟在體格結實的小弟後面。

房間雖小，但是床上的白床單看起來很舒服。小弟出去後，渾身是汗的我立刻倒在床上。

不知睡了多久。感覺房間裡有聲響。睜開眼，微暗中看到模糊人影，站在門前凝望我。好像是夢。我閉上眼睛，再睜開眼，還是看見人影。究竟是誰呢？或者，是夢中來自那個世界的使者？

我凝視他一陣子，輪廓漸漸清晰起來，是個穿著白衣的黑膚男人。

「誰？」

我發出聲音問，聽起來遙遠得不像是自己發出來的聲音。他沒有直接回答，隔一會兒開口問：「情況怎麼樣？」

語氣意外的親切。

「發燒。」

「怎麼啦？感冒引起的嗎？」

「不知道。」

「吃藥沒有？」

「印度的藥？」

「不是，日本帶來的。」

這時，他很認真地說：「那不行，印度的病不用印度的藥治不好。」

他這麼說，我也這樣感覺。

「你等等，我去拿藥來。」

他說完便開門出去。看不到身影以後我才想起他是帶我進房間的年長小弟。可是，他為什麼擅自進我房間窺看我的情況呢？房間應該上鎖的。或者是想偷東西，因為我醒來了，就說拿藥去而逃走。

但是，十分鐘後他回來了。確實是那個小弟。他靠近床邊，審視我的臉，從水壺倒一杯水，連同三顆鮮綠色藥丸遞給我。

「吃這個會好。」

如果他是想進房間偷東西，這藥安不安全值得懷疑。可是，算了，就算這是毒藥，就服他一帖也沒什麼大不了的，我因發燒而失卻現實感的腦袋這麼想。我爽快地服下藥丸，他高興地笑了，我漸漸覺得那笑有如惡魔般扭曲……。

他為什麼還站著不走……。是等小費嗎……。就拿一點讓他快點離開……。我心雖然焦慮，但又被睡魔拽住。究竟我會怎麼樣……。我口中呢喃，再度陷入深沉的睡眠裡。

第十章 翻山越嶺

絲路（一）

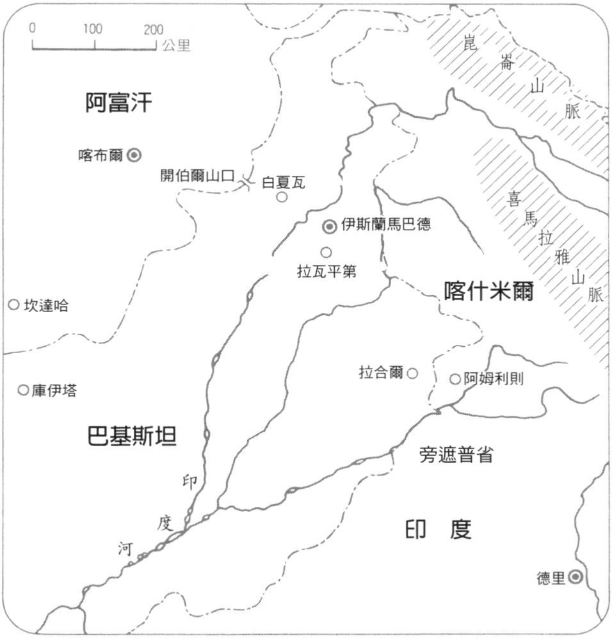
0
100
200
公里
阿富汗
喀布爾
開伯爾山口
白夏瓦
伊斯蘭馬巴德
拉瓦平第
崑崙山脈
喜馬拉雅山脈
喀什米爾
坎達哈
庫伊塔
拉合爾
阿姆利則
巴基斯坦
旁遮普省
印度河
印　度
德里

泥土的溫熱傳來。一樣很熱，但拂過廣場的風帶來微微秋的氣息。秋天或許就在這條絲路上等我。我在開往阿姆利則的巴士起站混在許多印度人中露天而眠，想著已經走過的國家和此後可能經過的國家。

想到即將離開德里前往倫敦，還是覺得不可思議。精神抖擻得好像不曾有過那可憐的我將在印度化為塵土的想法。這一切都多虧ＹＭＣＡ那個年長小弟，他給我的綠色藥丸有效得難以相信。

那天，我吞下他給的藥丸後繼續昏睡。不知睡了多久，也不知睡了幾天，直到餓醒。上廁所時身體還軟弱無力，但因為出汗燒退，身體感覺輕快許多。

我暫時躺在床上，身體真的變舒服了，想去外面吃飯。我仔細檢查，裝護照的皮夾和背包裡面什麼也沒少。他不是為偷東西而進我房間。到外面吃完咖哩飯回來，他又拿來同樣的藥丸。雖然依舊不知道是什麼藥，但我放心服下。我給他稍微多一點的小費，他略略作勢客氣地拒收後立刻態度不變地收下，說完最高級的敬語後出去。我吃過藥又昏昏欲睡，再度甦醒時身體更加輕鬆。我起身去吃飯，回來後向他拿藥吃。這樣重複四次後，熱度和頭痛都消失得一乾二淨。或許印度的病真的需要印度藥來醫。

病好以後我還是很小心，因為有過卡朱拉霍的經驗。病情再發很恐怖，而且也有不知究竟是什麼病的不安。是單純的感冒？還是積勞成疾？或是感染到某種病毒，目前只是潛伏期而已？但是我不想去看醫生。我在YMCA的舒適小房間裡自我觀察一個星期，自信體力恢復後才搬到廉價旅館。

住進廉價旅館後我也不敢逞強。雖然到處參觀迦瑪大清真寺（Jama Masjid）和拉吉河階（Raj Ghat）等觀光名勝，但不敢一天就看完所有名勝。

那些地方都看膩時我就來個短程旅行。去過阿格拉，也去了孟買。身體情況不壞。從孟買回來後，又搬到更便宜的德里火車站後面大通鋪旅館，看看電影、走走動物園。習慣大通鋪的生活後不久，又開始覺得去任何地方、去參觀什麼都很煩。

我不像在加爾各答那樣興奮地到處走動。德里也有加爾各答那種猥雜混亂，但仍有做為印度首都的安定感。這種感覺雖然未能將我導入狂熱，但也容易流於懶散。日子就這樣消逝。雖然厭倦這種生活，想去某個地方，但總是嫌麻煩，繼續待著不動。常常晚上才下定決心明天就去臥亞或是喀什米爾，但天一亮又一切都無所謂了。

不過這天早上看到隔床法國青年皮耶的空虛眼神，讓我驚覺不能再這樣蹉跎了。臥亞和喀什米爾固然不錯，更要緊的是我必須離開印度。我就這樣奔出旅館，等候開往國境都市阿姆利則的巴士。

夜班車客滿，我沒坐上，和沒擠上車的四、五十人一起露宿廣場，等候第二天早上的班車。即使閉上眼睛，眼皮裡面還是清明一片，怎麼也睡不著。我不想勉強自己入睡。終於能夠出發前往倫敦了，有點亢奮自是當然。

我躺在地上等候天亮。

清晨五點，班車就剩三個位子，我勉強擠上巴士。這雖然是我原初計畫的長旅開始，但我無暇耽於感慨，巴士開動瞬間我便陷入睡眠。

一覺醒來，窗外景色完全變樣。巴士奔馳在典型的印度農村地帶。半倒的土屋、廣大圍牆環繞的豪宅。在不知是路還是院子的泥土地上，一對母女在轉動紡車。男人蹲在荒地當中小便。在印度，男人小便也是蹲著。那個姿勢讓人看了總有一種孤立無援之感。

用一句話形容印度的巴士、尤其是長途巴士，說它是有座位的貨車就很貼切。乘客帶著像是全部家當的行李搭車。要是在日本，人家一定以為他們是趁夜遁逃。有個乘客還帶著橫幅約一公尺的金屬板。也有人帶著到哪裡都可以睡覺的墊子、換穿衣物和餐具。其實這也不無道理。稍遠的地方一去就是三、四天的行程，不得不帶著寢具、衣物和食物。那些行李像小山般堆在車頂，每次急轉彎時都差點掉下來。坐印度巴士對心臟實在不好。

巴士在途中數度停止，在茶店休息，然後再上路。

我前座的嬰兒很愛笑。抱在不像很寬裕的夫婦懷裡，臉孔朝著我。我對他回笑，他又高興地笑了。不久，嬰兒吵著要到我這邊。那對夫妻為難地笑著，我說好吧，過來吧！把他抱過來。

那一瞬間，嬰兒皮膚上濕濕的東西透過薄棉襯衫傳到我的皮膚上。我以為是汗，看他的胸部，有像是水泡潰爛流出來的水。這小孩大概罹患了水痘或是天花。說我不怕是騙人的，可是我又不能馬上把他抱離我的胸前還給那對夫妻。反正已經抱了，早離手五分鐘、十分鐘也無濟於事。被傳染的話就傳染吧！

這些時日我漫步印度各地，養成了某種達觀心理。例如天花，就算全印度有數十萬、數百萬人罹患，但還是有五億人沒有感染。因此，若是旅經印度的我不幸感染了，除了想成我和那病有「緣」外，別無他法。在菩提迦耶的那些天，我開始有這種想法。

諷刺的是，這個佛陀悟道的村子也是天花最猖獗的地方之一。餐館的長髮少年隔日見面時剃成光頭、只留下小撮在後腦勺。他說妹妹昨天死了。印度男子在近親死亡時都有剃光頭的習俗。知道這個風俗後，我注意觀察四周，這種光頭何其多！喝著少年幫我倒的茶，問他妹妹的死因，果然是天花。日本厚生省（衛生福利部）的官員聽到後不昏倒才怪。妹妹因天花死亡後，哥哥不但沒被隔離，還為客人端菜送飯！

在菩提迦耶，這種事情不停地在我身邊發生。我自然產生豁達的膽識。不只是天花，霍亂、鼠疫等傳染病再怎麼猖獗，就算死了數十萬人，還是有更多的人活下來。印度就這樣存活了數千年。踩在這片土地上，我未必不是那數十萬人中的一個。但真到那時，也只好認為是和那病有「緣」。

我逗弄嬰兒，趁他高興的時候還給他父母。不久，嬰兒在母親懷裡睡著。看他那褐色的皮膚好像有點發燒，我無意識地不停搔著脖子。

這一家在途中下車。從車頂卸下破爛的家當，先生挑著，蹣跚地走在田邊小路上。睡醒的嬰兒在母親懷裡一直發出高興的叫聲。

2

天黑後才抵達阿姆利則。

三輪車在巴士站等候，車夫兼為旅館拉客。我沒有多做考慮就坐上喊著「三輪車，免費」的那輛——住進他帶我去的旅館可以免付車錢。

他帶我去的是火車站附近的美琪飯店。單人房要八盧比，有價錢而言算是還不錯的房間。雖然有更便宜的大通鋪，但我在德里時幾乎都和別人合住，今天是嶄新旅程的第一天，我想一個人睡。

對貧窮的自助旅人來說，阿姆利則只是印度通往巴基斯坦的國境小鎮，其實它是錫克教聖地，以有錫克教信仰中心的黃金寺院出名。我抵達時因為坐了一整天車很累，到附近餐館吃完晚飯就上床睡覺，打算隔天再好好參觀黃金寺院。但是一到早上，又想早點越過印度國境。因為覺得若不這麼做很可能又因為某種因素被拉回德里。

我在日本時作過調查，從阿姆利則到國境可以坐巴士或徒步前往。實際來到才知道，只有一輛巴士往返國境。我問過發車時刻，收好行李離開旅館。

清晨的阿姆利則塵土飛揚，又紅又大的太陽看似夕陽。我在晨曦中走向巴士站。

我晃著背包走著，三輪車靠過來招呼我，「Hi, Master」，他說很便宜，坐車吧！但是我此刻有不能再浪費、必須節省花用以順利到達倫敦的迫切心理，沒問價錢就說聲「No」。

我以為沒多少距離，走起來卻相當遠，而且滿身大汗地走到以後，第一班車已經開走，下一班車必須再等數小時。就只為了節省一盧比的三輪車錢，卻浪費更多時間。心想該花錢時不花終究是得不償失。當然，也沒忘記安慰自己的憨直，不敢說這裡省下的三十五日圓將來不會救我一命。

出印度國土

國境往返巴士在總是爆滿的印度巴士中很稀罕，乘客不多。

巴士奔馳在美麗的綠色地帶，途中突然停下。一個白人青年站在公路正中間拚命揮手，個子瘦高，揹著軍服綠的登山背包。

「Border? Border?」

巴士一停，他就大聲嘶吼。司機和全車乘客都傻眼了。

「Go border?」

白人青年又重複一次。他在問這班巴士是否開往邊境。我從窗戶探出頭去，大聲回答說正是。

他像得救似的點點頭，要司機開門然後上車。他一邊擦汗，坐到我旁邊。

我剛好在吃當做早餐的蘋果，請他吃一個，他回請我一個乾麵包。拿給我時他一直說著alumi，alumi，不知什麼意思。我想不會是麵包裡面含鋁吧！當然不是，其實他想說的是這是army（陸軍）的行軍乾糧。

看他不太熟悉英語的樣子，可能是東歐人。一問，果然來自波蘭的華沙。這倒很意外。

英語國家以外的年輕人中，英語說得好的前三名是德國人、荷蘭人和瑞士人。反之，說得最爛的是法國人、義大利人還有日本人。東歐國家的年輕人大概可以歸類說得爛的一群。他英語說不好自是當然。我感到意外的是東歐嬉皮來到亞洲這件事。因為以我貧瘠的東歐知識，無法想像他們也有這樣的自由。

「你走什麼路線來的？」

「從華沙坐火車，經過莫斯科，再到德黑蘭。」

原來，他們是用那種方法。我腦子裡浮現的世界地圖上，確實有鐵路連接蘇聯和伊朗。但是我們怎麼看地圖，就是不會有從蘇聯一路到亞洲的念頭，東歐人卻覺得理所當然。而且花費不過十三美元。因為東歐的年輕人可以特別便宜地利用蘇聯的鐵路。

「我從德黑蘭穿過阿富汗、巴基斯坦來到印度，不過就要回國了。」

他說要回學校攻讀化學。聽他說，從東歐，至少從波蘭來的，像他這種嬉皮旅人還相當多。

「印度實在是個可怕的國家，你不覺得嗎？簡直糟透了。」

他不停地吐出terrible、terrible這個字眼。

「乞丐、乞丐，到處都是乞丐，給了一盧比後還要個不停，又臭、又髒、terrible, terrible。」

說到乞丐時，他厭惡地癟著嘴唇。他對印度的乞丐沒有慈悲心。如果他還知道terrible以外的咒罵字眼，一定一股腦地發洩出來。這也是個意外。這比他來自東歐還讓我驚訝。來自社會主義國家的年輕人對印度的貧困和不潔如此露骨的厭惡表白，是我過去遇到的資本主義國家年輕人所不曾表現的。別說是英國人，就連美國人、德國人和荷蘭人都沒有如此激烈地痛罵印度乞丐。他們多半保持沉默，談起時也語多保留。

我不認為他們的欲言又止，是因為印度的貧困並非與己無關的一種歷史罪惡感所致，而是持續漫長的旅行後對一切事物的立場都變得曖昧。分不清什麼是黑是白、是善是惡，沒有勇於明確說明事物的自信。不再明白為什麼要否定乞丐？為什麼不潔是壞的？連憎惡和嫌棄的感覺都變淡。因此，縱使談到印度的貧困，也只是丟出一連串的「但是……」。在此意義上，東歐嬉皮這種純真的厭惡表白，或許反而是健康的表現。但是，東歐年輕人也囁嚅著「可是……」的時代未必不會來臨。

兩小時左右，巴士抵達國境。

波蘭青年發現國境前有幾個同樣來自波蘭的夥伴，和他們攀談起來，我就獨自先越過國境。

走過關閘，就是印度的出入境事務所，在那裡接受出境審查。當著官員的面在一大張公務用紙上寫下姓名、國籍、出生年月日、職業、入境日期和攜帶錢幣金額等。

我前面有兩個同行的女孩。我窺看她們的國籍欄，是加拿大。她們寫完後，把紙張交給無聊坐著的官員。鼻下蓄著短髭的官員接過時不經意地說：「筆借一下好嗎？」

一個女孩老實地遞給他，他問了幾個老套的問題後說，可以通過了。可是女孩磨蹭著不走，因為他沒把筆還給她們。她們好像還是路上的菜鳥。等了一下，其中一個下定決心似地說：「那支筆是我的。」

官員假裝才發現的樣子，看看自己手上，聳聳肩說：「可以送我嗎？」

「No!」

加拿大女孩堅聲拒絕。我很感興趣地看著官員怎麼對應，但他也不執著，說聲「是嗎」，把筆還給她。

輪到我了。

我交出文件後，官員奪下我手中的原子筆在紙上開始寫東西。隔一會兒，我什麼也沒說地從他手上抽回原子筆。

「還沒寫完。」他抬頭抗議說。

「你用自己的寫！」

我頂回去，他就重複剛才對加拿大女孩說的台詞。

「送我好嗎？」

「不行，我也需要。」

我說完，他露出有點遺憾的表情，立刻從口袋拿出自己的鋼筆來寫。我笑了，他也笑著。

因為太過有趣，他告訴我可以通過後，我還是徘徊當場觀賞他的應對。他對每一個人都重複同樣的事。

筆可以送我嗎？不行。是嗎？

實在很坦然。好像不對來人說上一遍就不舒服似的。我不知道一天究竟有多少人通過那裡，但他對每個人都要筆，好像那才是他真正的工作。

我按照標示稍往前走，來到海關的窗口。檢查旅行背包，終於完成印度的出境檢查。走出建築物，看到一條水泥小路連到巴基斯坦的出入境事務所。

我揹著背包、有點向前傾地走著，對面也走來一個揹著骯髒背包前屈而行的年輕人。我只知道是個白人，不知是哪裡人，但還是湧起一股親切感。雖然不知道是哪國人，但可以確定他是從西方向東循著絲路正要進入印度。他已走過我將要經歷的未知國家。想到這裡，不只是親密之情，甚至湧起敬畏之念。

隨著接近，他突然抬起臉，發現姿勢相同的我時，表情微動。對他來說，我是從東向西、越過有點可怕的印度的生還者。他的眼中也微微露出親切與敬畏交織的神色。但我們並未因此停步，只在擦身而過時互相望望、綻開嘴角、主動打聲招呼。

「Good luck!」

「Good luck!」

之後，我小聲誇說，一條好漢哪！

3

巴基斯坦國境也有巴士開往內地。目的地分別為國境小鎮瓦加（Wagah）和巴基斯坦第二大城拉合爾（Lahore），我決定去拉合爾。

在城市規模和歷史意義上，拉合爾都具有作為獨立後的巴基斯坦首都的條件，但因為太靠近印度而成為遺珠之憾。說起來確實太近。從印度國境到這裡，巴士票價僅一巴基斯坦盧比，我已經在印度的銀行把手邊剩下的印度盧比換成巴基斯坦盧比，照當時的匯率看來，巴基斯坦盧比幣值較低，一盧比約三十日圓。亦即，從印度坐巴士到拉合爾只是三十日圓車錢的距離。

剛越過國境時，人們的樣子沒什麼改變，只是手錶時針往回撥一個小時而已。但當巴士經過瓦加鎮的時候，我還是湧現「啊！終於來到和印度不一樣的國家了」的感覺。

道路兩旁大量排著賣水果、青菜、豆類、米和麵包果的攤販，人潮洶湧，計程車和馬車爭先恐後，巴士幾度停下讓路。通過這雜亂、熱鬧、廣場似的道路同時，我感到一股奇妙的解放感。巴基斯坦是何其富饒、何其開朗的國家啊！食物溢滿道路，少年小販開朗地對隔窗相望的我做鬼臉。何其活潑生動的國家啊！女人黑紗蓋臉。如果是從歐洲那邊過來，伊斯蘭教國家特有的陰暗或許讓人感到有點不舒服，但在從潮濕沉鬱的印度那邊過來的人眼中，反而感到輕快乾爽舒適。

車上只有我一個外國人。按照過去的經驗，乘客都會投來好奇的視線，但是這輛巴士裡的人對我絲毫不顯關心。巴基斯坦人是極端注重禮儀的國民呢，還是欠缺好奇心呢……。其實都不是。經過瓦加，上來兩個新乘客後狀況為之一變。一個說著蹩腳的英語。看到我，先是沉默一陣，終究忍不住跟我搭訕。於是原先裝做不關心的所有乘客都一起盯著我。那人每說完一句，就得意地翻譯給大家聽。

「你是日本來的嗎？」

「是的。」

「東京嗎？」

「是的。」

「橫濱嗎？」

「不，東京。」

「是嗎？大阪嗎？」

「不對，是東京。」

「是嗎？從哪裡來？」

他把會說的日語都說完了。

件。

他是瓦加附近的小學老師，一旁笑咪咪的是他的大舅子。他們要去拉合爾買腳踏車零件。

談話中，他邀請我一定要去他家。等他們買完東西後和他們一起回瓦加。可是我才開始順利前行，沒有道理在這裡倒回去。但他們特地邀請，我不得不撒謊說必須去拉合爾見個朋友。

結結巴巴的交談中，我印象最深刻的是他們對東巴基斯坦，也就是孟加拉的看法。

「我們放棄東邊反而好，一直扛著那個重擔，會把這邊也拖垮了。」

他厭惡地說。這或許是一般巴基斯坦民眾的想法。

孟加拉人在民族獨立的美好口號下戰鬥，終於獲得勝利，但他們得到的是比過去更嚴重的饑荒、洪水和傳染病。這是為抵抗西方剝削而奮起的革命成功後的光榮與悲慘。不，那不是革命，只是榨取之主從西方轉變為東方的民族資本罷了。

「孟加拉本來就幾乎是窮人和罪犯成群的村莊，沒有像樣的人才，不論如何都是自作自受。」

他不帶一絲同情的聲音說完後，又想起來似的開始邀請我。

「請來我家，我想請你吃大餐。」

他沒說吃大餐，直譯的話是想請你吃很多很多東西。他對遙遠異鄉人的親切和對近處鄰人近乎殘酷的冷淡，令我費解。

我在印度有過類似的經驗。剛到加爾各答時，碰上地下鐵工程的開工典禮，那位年輕技師請我吃點心和可樂，卻一點也不讓工人分享。我要把東西給一個工人時，他還嫌我多事地把東西給拍到地上。

他繼續說：「去拉合爾見過朋友後，一定要來我家！」說著，把到他家的地圖畫在紙上，又寫上自己的名字。

Muhammad Mehdi B. A.

Muhammad Alimed Ghozdi

親切的穆罕默德，我低聲唸著，感覺口中有些澀澀的。

恐怖的巴士

正午抵達拉合爾。

和說蹩腳英語的老師道別，心想先找個地方簡單吃個飯，因為星期天，巴士站附近擠滿人潮。小心起見，我先打聽西行巴士的上車處，那人說正好有輛要開往拉瓦平第（Rawalpindi，巴基斯坦東北部城市，為戰略要衝——譯注）的巴士。果然，一輛裝飾得華麗的巴士四周擠滿抱著大件行李的乘客。看到那情況，我突然想起在德里的情形，不禁焦急起來，擔心會像要坐開往阿姆利則的巴士般，萬一錯過這班車又要在這裡滯留好幾天。我該直接上車一口氣趕到拉瓦平第嗎？

我猶豫不決，但人不自覺地站到巴士旁邊，也沒多想就將背包交給幫客人把行李堆到車頂的年輕人，回神時人已坐在車上。

這世上大概再也沒有比巴基斯坦的巴士更恐怖的交通工具了。

當然，印度的司機也是以猛烈速度在並不寬廣的道路正中央衝刺。如果路上只有自己這輛車還好，但是兩、三個小時的車程中，對向不可能沒有來車。那時，印度巴士司機還是老神在在，繼續大剌剌地奔馳道路正中央。對向來的是小轎車或廂型車還好，彼此往兩邊一閃就過去了。如果也是大型卡車時，那可精采了。我們這邊放速狂奔，對方也不閃躲，兩輛車都在路中央猛衝，眼看就要對撞。就在大家險要驚聲尖叫前，卡車這才終於讓開；有時候是巴士讓開。簡直像美國地獄天使（Hell Angels）那些傢伙常玩的兩車相向衝刺、看誰膽小就先煞車或閃開的比膽式飆車（chicken race）。每次坐上這樣開車的印度巴士，我就想，洛杉磯那些「地獄天使」還是別自以為玩比膽式飆車有多瀟灑！因為這種程度的飆車在印度五、六十歲的中年人來說是家常便飯。

這樣開車而少見車禍，也讓人佩服，我在南印度時遇到一個嬉皮，他坐的巴士和卡車對撞，情況相當嚴重，司機和坐在前面的乘客多人受傷。他們被玻璃碎片刺得渾身是血，但是沒有叫救護車，而是默默地自行包紮，隔一會兒，渾身是血的司機又坐上駕駛座，設法把車子開到目的地。司機本身只有擦傷，但其他乘客這種若無其事的態度令他感到有點恐怖。

巴基斯坦巴士的壯烈程度比印度還有過之而無不及：一樣是全速前衝，也和對向來車互飆。只是飆車方式更恐怖。

巴基斯坦的巴士都相當老舊，但是速度極快，彷彿不超越所有眼前的車子就不舒服似的。車身嘎嗒嘎嗒作響、乘客彷彿置身機槍掃射的震撼裡。這種破舊巴士竟然還能輕易超越豐田和福斯小汽車。不過，超車的對象是小轎車還好，如果同樣是巴士，那情形真是恐怖。

先是這邊猛按喇叭，大幅度跨越對向車道想要超車，但是前車也頑強抵抗。兩輛巴士並排奔馳，這時迎面而來一輛巴士。那輛巴士也堅決不放慢速度。拚命閃著大燈表達他不減速的意志。三輛巴士就以猛烈的速度比膽。

他們不像印度那樣總有一方在相撞前數公尺閃開。三輛都是猛速前進。好幾次都以為要撞上了，卻都不可思議地化險為夷。乘客嚇得啊呀呀的閉上眼睛，再睜開眼睛時，總是安好沒事。只能說司機神乎其技。三輛車照樣各自狂飆。

下午一點，往拉瓦平第的巴士駛離拉合爾。

在地人只稱拉瓦平第為平第，是靠近首都伊斯蘭馬巴德（Islamabad）的軍事都市。相對於伊斯蘭馬巴德是人工興建的政治都市，平第則是人味滾滾的小鎮。許多人白天到伊斯蘭馬巴德工作，晚上回到平第。是這樣的一個小鎮。

這輛開往平第的巴士更是嚇人。司機好像心情不爽，一路碎碎唸。先是在停車場和馬車擦撞大吵一架，開上公路後拚命玩飆車。不是開玩笑，我已經半覺悟地認為自己可能到不了倫敦。

天色漸黑。雖然已經入夜，司機依然飛車如故。我這下真的要化作異國塵土了吧……。黑暗的前方看到微微光點，一些有如點綴在湖畔、呈弧形顯現的鎮上燈火。我問旁邊的人，他說那就是平第。巴士和那光點之間的幽暗應該只是遼闊的荒地而非湖水，當時，即將自飛車恐懼中獲得解脫的安心感，讓我對那片黑暗產生美麗的幻想。

我「呼！」的鬆一口氣，幾乎就在同時，車身受到劇烈的撞擊——就在司機一路加速趕上前車、並排行駛、又想超車而繞個大彎之後。

吭——的聲音同時，一輛白色轎車飛出路肩，但是我們的巴士照樣猛速前進。好像是被超車的巴士前面有輛小轎車，被我們的巴士直接撞上。但是司機絲毫沒有停車的意思，像被狐狸附身般奔馳了一公里後才減漫一點速度，回過頭問：「什麼東西？」

坐在最後一排的中年人看著車後說：「不知道，但後面有車子開來，會動應該就沒事了。」

後面行駛的可能是別的車子，但是車上的人都用力點頭，眾口同聲說：「走吧！走吧！」我說不出話來，漸漸地打從心裡想笑。司機也好，乘客也好，對交通事故都是這樣隨便，還有什麼話說呢？我也忍不住想乘興跟著大喊：「走吧！走吧！」

夜晚的拉瓦平第熱鬧得超乎想像。

熱鬧街旁的餐廳把桌椅排在路上，客人就坐在上面盡情吃喝。桌椅都很粗糙，但在我眼中，電燈泡下的這副光景極具魅力。

我找到一晚上六盧比的旅館，向附近徘徊買黑市美元的人兌換了五美元的巴基斯坦盧比去吃晚飯。

走著走著，最先觸動鼻子的是烤肉的香味。火上烤著羊肉串，我光是看著就猛流口水。再往前走幾步，是家炒羊雜的館子。廚師用兩把銳利的鏟子在大火烘烤的鐵板上把滴血的羊雜切成小塊，灑上洋蔥屑、再加上碎番茄，放入金屬盆子裡煮得咕嘟咕嘟地冒泡。接著灑上鹽和辣椒，最後再澆上羊雜的血，看起來很好吃的樣子。我問這道菜的名字，說是「古魯達」。一份要四盧比、一百二十日圓。我點來吃，番茄的酸味和羊雜味巧妙混合，真的很好吃。我很滿足，許久不曾吃這種帶血的葷食了。

4

從巴基斯坦走陸路到阿富汗有兩條路線。

一條是從巴基斯坦中部城市庫伊塔到阿富汗第二大城坎達哈（Kandahar），另一條是從白夏瓦（Peshawar）翻越開伯爾山口（Khyber pass）進入喀布爾（Kabul）。走前一條路可以順路去象徵印度河古文明的遺跡莫亨久達羅（Mohenjo-daro，意為「亡者之丘」，巴基斯坦信德省印度河流域古城址，有史前城牆，為世界遺址——譯注）。但是我捨棄這條必須向南繞個大彎的路線，走從拉瓦平第出發的最短距離路線。或許我開始感受到一路前進的快感了。

從平第到塔席拉（Taxila）和從塔席拉到白夏瓦一路都坐巴士。

塔席拉是以古代都市遺跡和亞歷山大東征所帶來的希臘（Hellenism）文物而知名的小鎮。我不是特別有興趣，只是想當做無緣參觀的莫亨久達羅的替代。

據說博物館和遺跡就在距離公路不遠的地方。我下了車，在炙熱的陽光中，悠閒地走在田中小路上。說是很近，卻一直沒看到。我汗流浹背，口渴得緊。但是，別說是商店，附近連人影都不見一個。靜得難以相信這裡就是有名的塔席拉。

前面有棟正在建造的房子，有個木工。我走過去，用手勢表明想喝杯水，他爽快地從日蔭處的水甕裡舀出一杯水。意想不到的清涼甘甜。

我回到路上繼續向前走，背後有輛馬車突然停下。

「去哪裡？」

「博物館。」

「要坐嗎？」

他說的是烏爾都語（Urdu，印度斯坦語的一種，係揉合波斯語和各種印度語言而成。現為巴基斯坦官方語言——譯注），我說英語，卻能充分溝通。但是我沒有租坐馬車的預算。我說明以後，他表情陰沉地說「不要錢」。

我坐上馬車貨台，走在靜得蜜蜂振翅聲音似乎都聽得見的農村道路上。他牽著馬轡向前，彼此雖沒交談，但心情輕鬆沉穩。我靠著背包，眺望藍天，心想，不管博物館如何、古代都市的遺跡又如何，光是清水和這馬車，我這趟塔席拉行也值得了。

齋戒月見聞

從塔席拉到白夏瓦，巴士也是橫衝直撞。不過，我得為巴基斯坦的巴士名譽說句話，其實只是長途巴士這樣狂飆，行駛村鎮之間的普通巴士有的開得比馬車還慢。

還有就是，我入境巴基斯坦的時機似乎不對，正逢伊斯蘭教齋戒月的期間。從早上六點到晚上六點，幾乎都是伊斯蘭教徒的巴基斯坦人不但不吃食物、連水都不能喝。司機脾氣特別壞也不足為怪。

齋戒月是回曆九月，連續三十天從早上六點到下午六點不吃一切食物，人們必須等到晚上六點以後才進食。此刻，所有人都在痴痴地等。鎮上的餐館儘管擺滿了食物也不能營業。

可是，坐巴士又是什麼情況呢？

下午五點鐘左右，好幾輛巴士並排在路邊攤前暫時停車。乘客下車，購買蛋糕麵包，以及葡萄、石榴和甘蔗等水分多的水果，等六點鐘一到就可以吃將起來。

大家買完上車後，巴士再度開動，乘客膝上抱著食物等待。但等待實在很磨人。雖然再等不到一小時，有的人已經像小孩子似地腦子離不開那些食物。有的人每隔十分鐘就問：「現在幾點？」

五點四十分。一個急迫的乘客從紙袋裡窸窸窣窣地拿出甘蔗。他要吃吧！不是，他先請隔座的人，「要不要一截？」

那人瞥一眼手錶，「還早哩！」

他有點遺憾地縮回手，又遞給另外一個人。但是，前、後、斜前方的人都拒絕，他沒好氣地縮回手。五十分。另一個人又拿出葡萄，開始勸吃的戲碼。但也都遭到拒絕。

六點差五分。又有人請吃蛋糕。這次被請的中年人沒有拒絕，「是嗎？那就……」說著伸手，那一瞬間，周圍的人也陸續伸手放進嘴裡。請客的人也安心地開始吃。那情形頓時蔓延整個車廂，不到一兩分鐘，幾乎所有的乘客都在動嘴。雖然想早點吃，但又不願意自己率先破戒的心理昭然若揭。

一旦開始吃後，車中瞬間充滿食物殘渣。石榴籽、甘蔗渣、葡萄皮。到處聽到咀嚼的聲音，沒多久，大部分的食物都已告罄。

從塔席拉到白夏瓦約三個小時車程。時間不長，但是太陽還高，我怕路上口渴，買了一盧比的葡萄上車。

不到兩小時果然口渴。我問隔壁的中年人可不可以吃，因為是在齋戒月，大家都在忍耐，我有點不好意思。他用力點頭說不要緊。我放心地把一粒葡萄放進嘴裡，卻被前座的老人制止。老人蓄著山羊鬍子，眼神銳利，顴骨高聳，膚色在巴基斯坦人中算是黑的。他揮著手說不行，用力按住我要送到嘴邊的手。

——不行嗎？

——不行。

——旁邊的中年人說可以。

——不行！

這一切對話都是用手勢進行。隔座的中年人露出苦笑，像在解說我是外國人，但老人頑固地不接受，一逕主張不行就是不行，因為是齋戒月，所以不能吃。我只好放棄。

老人認為就算是外國人、只要在這個國家裡就不能吃的想法是對的，他可能顧慮在這命運共同體的瘋狂巴士裡，一個人破戒後不知道會帶來什麼樣的災難，這種想法並不奇怪。重要的是，老人的態度很堅決。不能吃。我收好葡萄，他也毫無笑容地轉身向前。

從他的黑膚色看來，或許屬於巴基斯坦社會的最低階層。但是他的背影卻散發著因堅定信仰而來的高貴。至少，我當時很感動。我想我望著老人的眼神裡甚至帶著敬畏之念。

五點過後，巴士在一個小市場暫停。乘客趁機去買食物或是進行傍晚的祈禱。我想看那老人的祈禱模樣，跟著他下車。他會如何虔誠地祈禱呢……。他慢慢脫下涼鞋、跪在墊子上。我注意看著，他開始向著西方麥加的方向祈禱。他的動作看來不像那麼孱弱，卻沒像一般人趴在地上跪拜。簡單講，他只是應付了事罷了。

我剛才的敬畏之念瞬間消失無蹤，卻也突然湧起一股親切的感受。老人祈禱結束，視線和我相交時，浮現不好意思的笑容，但很快又恢復堅定信仰之徒的表情。我變得非常輕鬆愉快。

「堅持下去哦！老先生。」

我用日語這樣說，拍拍肩膀，他又不好意思地笑了。

5

在白夏瓦，我住在名為彩虹飯店的廉價旅館。

在加德滿都認識的法國人告訴我，到白夏瓦的話就住彩虹飯店。但是我才走進飯店一步就大失所望。那是典型的嬉皮旅館，宿客幾乎都是從西往東、或是由東向西的嬉皮。嬉皮旅館雖然通英語，但服務差而價錢貴。這家彩虹飯店也不例外，價錢並不便宜，老闆的態度更是蠻橫。

我說想住單人房，他粗魯地說沒有。那樣子簡直像說「不想睡大通鋪的話就請便！」我雖然想罵他，但揹著背包再去找別的旅館太累了。

聽說這裡的餐廳供應漢堡，白夏瓦的漢堡。我倒想嚐嚐看，但看了用餐客人的表情後，知道不必期待這裡的漢堡味道。果然如預想般難吃，但我還是勉強吃完。到屋頂乘涼時，五、六個頹廢至極的嬉皮輪流抽著大麻。

旅館雖然很糟糕，但白夏瓦這個小鎮很有意思。為了拿到阿富汗的簽證，需要在這裡住幾天。我本來擔心這裡是個無聊乏味的小鎮，結果是過慮了。這裡的市集尤其刺激。

白夏瓦的市集裡什麼都有。滾滾塵埃中，鍋釜、農具、日用雜貨店林立，賣蔬菜水果的商店綿延不斷。青椒、茄子、番茄、蘿蔔、洋蔥、馬鈴薯、葡萄、橘子、石榴、柿子、甜瓜……。蔬菜水果都豐富得驚人。

還有奇怪的錢幣買賣攤子。就在路邊，鋪著巴基斯坦特產的美麗棉布，上面放著圓形鐵板，錢幣則灑在上面。不到幾分鐘，周圍就圍起人牆，客人上門。客人拿出紙鈔給老闆看，老闆飛快瞄一眼、嘀嘀咕咕地說些什麼。客人稍微爭辯後，就勉為其難地交給老闆，然後接過部分鐵板上的錢幣。他們確實是用錢買錢，但又不像是收藏古錢的買賣，我看了半天便還是不明所以。

白夏瓦市場最刺激的是槍枝氾濫。到處都是槍店，來福槍、手槍應有盡有。不只是賣，逛市集的男人肩上也都扛著槍。身上纏了好幾重子彈匣帶的男人逛著一間間商店。這附近似乎是日常生活中還需要槍的地帶。

我連續逛了幾天市集都不膩，但是天一黑店家便早早打烊，這對長夜漫漫的旅人來說有點掃興。

被誤為炸彈客

有天晚上，我去看電影，這是來巴基斯坦後頭一次看電影。

從市集中心彎過橫巷稍微前行，有兩家電影院。我早早吃過晚飯出去，電影院前已聚集了相當多人。離晚場開演還有一個多小時，四周已經暗下，沒有街燈，人們的臉逐漸融入黑暗中。在漆黑的世界裡，他們身上的白衫輕輕搖晃。

我到附近的冰果店喝可樂。店裡的年輕人知道幾個英文單字，為了消磨時間，我跟他學烏爾都語的數字唸法。

電影是恐怖片。我挑選便宜的第二排位子，票價約四十五日圓。電影院裡面相當暗，滿地是花生殼，很像印度的電影院。

劇情無聊至極。比印度電影落後許多。雖然是部恐怖懸疑片，導演完全沒有羅曼・波蘭斯基（Roman Polanski，一九三三——，波蘭電影導演、編劇和演員，代表作為《失嬰記》——譯注）的才華，只是像很久很久以前的日本老電影裡，主角雙手結個印就能隨時隨地召喚怪物出現的爛片。劇情是賭輸的年輕人為逃避討債集團、和朋友誤闖怪物洞窟，又捲入英雄救美、混亂逃命的莫名其妙內容，名副其實的恐怖片。

影片是黑白的，但不時有人工著色，成為所謂的天然色電影。日本的老色情片在男女躺在床上做起怪異動作時，經常配上脫線的音樂且畫面變成彩色。在連半裸都禁止的巴基斯坦，畫面加色的當然不是床戲，而是舞蹈；女人跳舞時影片就變成彩色。就像為拍攝床戲而不得已加入一點荒謬劇情的色情片一樣，這部電影的舞蹈場面多得讓人以為是為了舞蹈才編出劇情的。常常和劇情完全無關，只是音樂一響起，女人就突然出現扭腰擺臀地狂舞。而舞蹈鏡頭一開始，觀眾便精神一振，電影院內的空氣也開始熱烈搖晃。這光景和印度無異。

總之就是不知所云。我在印度時聽說，巴基斯坦愛好電影的人會專程跑去阿富汗看電影。巴基斯坦的電影確實無聊得讓人相信這個說法。

不久以前，在巴基斯坦還能看到印度電影，但兩國關係惡化後，電影完全禁止進口。真正愛好電影的巴基斯坦人並不因此就委屈地忍受本國水準較低的電影，而會專程跑到阿富汗去看印度電影。

因為無聊，我的眼睛總是望到銀幕以外的地方。觀眾幾乎都是男人。即使在市集也很少看到女人，因此並無意外。穿短褲的警察百無聊賴地徘徊場內。我以為他們是利用職權進來看免費電影，其實不然。

因為太過無聊，我再也受不了，看到一半就要走。為了不妨礙其他觀眾，我彎身小跑步通過銀幕前面。走出電影院時，男收票員不知叫喚什麼。大概是問「就要走了嗎？」我用日語說「我不想看了」，快步走在幽暗的夜路上。

走了約五、六十公尺，感覺後面有人追來時，腰部就被棍子結結實實打了一下。我來不及喊痛，兩臂已被人架住。然後，一個人堵在我面前，是穿著卡其制服的警察。

我感到一陣恐懼。事出突然，也很痛，但我真正害怕的是，我完全不知道他們揍我、要把我帶走的理由。我究竟做了什麼？偷竊？還是殺人？或是間諜？

「為什麼？」

隔一會兒，我終於發出聲音。但是他們好像不懂英語，默默地拖著我。這樣被帶去警察局，不知會有什麼結果。我這麼一想，立刻大聲喊叫。那聲音吸引許多看熱鬧的人。

「有人會說英語嗎？」

我拚命問，但是沒有人回應，這期間警察還是拖著我走。我陷入絕望，在異國黑暗的夜路上不知被帶到哪裡。我不知道該怎麼辦。

幸好，那家冰果店教我烏爾都語的年輕人正走在前面，我大聲叫他，請他傳譯，問警察為什麼要這樣做。

年輕人和警察開始交談。很快就弄清緣由，但是他貧乏的英語詞彙沒辦法向我好好說明。我放棄要他解釋，轉而要求他告訴警察，我是來自日本的旅行者，警察露出訝異的表情。

年輕人開始對我連聲說英語單字。

「Picture, close. picture, close.」

我不懂。搖搖頭，他改口說：「Bon——Bon——」

「Bon……Bon……啊，是Bomb嗎？」

年輕人用力點頭。原來，理由是炸彈。我瞬間了解事情原委。我要警察放手，主動高舉雙手，擺出讓他們搜身的姿勢。一個警察開始搜我身，只從吊在胸前的小袋子裡翻出日本護照。他們擺出不解的表情。另一個跑進電影院，沒多久，像是搜索電影院的幾個人回來，像是說沒事。他們更加一副「不可能這樣」的表情。

他們誤認我是炸彈客，以為我在電影院安裝定時炸彈。最近巴基斯坦的反政府游擊隊恐怖活動頻發，電影院的炸彈事件尤其多。

他們誤認我是炸彈客的因素有好幾個。除了我被曬黑的膚色外，還有和印度人或巴基斯坦人無異的體型。最不該的是電影看到一半就走，而且是快步離場。警察認為我要逃跑也不奇怪。巴基斯坦的電影院好像不能中途離場。

終於洗清嫌疑，我想抱怨幾句，還沒開口，那年輕人對我做個「算了、快走吧！」的手勢。我雖然不滿，但還是默默離開。但冷靜一想，他的建議是對的。在眾目睽睽下讓警察下不了台，誰知道會有什麼下場。

回到旅館，想到剛才萬一沒遇到那年輕人，不禁一陣顫抖。雖然很冤枉，但我的恐懼大於憤怒。

即使如此，我仍不得不對白夏瓦鎮民的耐心表示敬意，因為他們能繼續把那部電影看到最後。

「什麼法律規定電影看到一半不能走人？」回到旅館，我問老闆。

他語氣輕蔑地表示：「不會吧！沒有那種電影沒看完就要走的傻瓜。」的確有理。

6

從白夏瓦到阿富汗的首都喀布爾，我坐的是阿富汗郵政巴士（Afghan Post Bus）。雖然跨國運行的巴士公司有巴基斯坦國營巴士（Pakistan Goverment Bus）和阿富汗郵政巴士兩家，但是我選擇車身比較乾淨漆成橘色的阿富汗郵政巴士。票價二十三盧比。上午十點從舊市區附近出發。

這車只是外觀乾淨漂亮，但一啟動，就發現機件老舊得讓人懷疑，這能開得到喀布爾嗎？每次震動顛簸時，座位就稍稍脫移，在車身大幅度搖晃時更掉到地板上。因此乘客必須非常小心地不和座位一起摔落。

巴士奔馳在紅色的平原上。不時看見土牆圍繞的幾戶人家。牆壁、屋頂等一切外觀都像害怕在這紅褐色平原裡顯得醒目般而與大地同色。

兩個小時後，車子翻越絲路難關之一的開伯爾山口。不久抵達巴基斯坦的出入境事務所，辦好出境手續，再到它對面的阿富汗事務所辦入境手續。雖然手續不複雜，但一輛巴士的乘客辦完檢查也耗時兩個小時。

進入阿富汗領土後，巴士頻繁停車。只見公路正中間架著簡單的路障，每到一處，車掌就飛奔下去繳過路費。收費員確認金額後拉扯繩索、吊起木柵，巴士才能通過。聽說這項收入是地方政府和該地部族平分。有人說阿富汗沒有國家，只有部族，沒有法律，只有常規，這個路障顯然就是各部族地盤關隘的替代物。

巴士在賈拉拉巴德（Jalalabad）暫停，讓乘客吃遲來的午餐。賈拉拉巴德是行道樹青綠美麗的涼爽小鎮。我和同車的一個商人攀談。他是印度人，乘客中只有他和我不必介意齋戒月而囂張地吃喝。

他常常旅行，數度過境阿富汗。我在茶店裡不知道該怎麼點食物而磨磨蹭蹭時，他看不過去，幫我一把。他用流利的烏爾都語和店員溝通。他不只講烏爾都語，也講印度語、孟加拉語、英語、波斯語、阿拉伯語，甚至能聽懂法語。他沒有自鳴得意，只是淡淡地述說事實，並解釋說因為他是商人嘛！

點完東西後不久，我期望的烤羊肉、酥脆薄餅和紅茶端來。這裡喝茶的方法很有趣。先拿來一個放了三分之一杯砂糖的杯子，然後端出裝著紅茶的陶壺。我當然以為等一下還會端出另外的杯子，再把糖和紅茶倒進去。但等了半天也沒有新的杯子。他看我遲遲不動手，於是指指裝著砂糖的杯子。

「把茶倒進那杯裡喝啊！」

「不會太甜嗎？」

「不會，沒事。」

我勉為其難地照他說的去做，以為茶會甜得難過，可是並不那麼甜，仔細一看，砂糖的顆粒相當粗，因此不會立刻都溶解。第二杯茶倒進去後，砂糖又溶解一些。也就是說，在阿富汗喝一壺紅茶，砂糖一次放齊，但慢慢融化，等到喝最後一杯時，杯中也沒糖了，如此才可以喝到甘甜爽口的紅茶。

「在阿富汗，顆粒分明的粗糖比雪白漂亮的細粒砂糖受歡迎。」他告訴我。

說起來，茶的喝法也因國而異。印度是紅茶、牛奶加砂糖一起煮的奶茶。巴基斯坦幾乎不加牛奶。阿富汗是一人一壺，糖一次加足。照那位商人仔細解說，伊朗的紅茶是茶中泡著方糖，一邊咀嚼方糖一邊喝茶。

我吃著薄餅，詢問無所不知的他，「你究竟去印度賣什麼？」

「不是去，是回來。」

他是印僑。不是從印度行商各國，而是從僑居國探訪印度故鄉後的回家途中。

其實世界各地都有印僑。在東南亞，印僑人數並不輸華僑。從鬧區裡的電影院看板即可一目了然：所有城市即使不演好萊塢片、日本片和法國片，也一定有香港片、台灣片和印度片。從電影放映的分量來看，即可明白華僑和印僑的勢力分布。在阿富汗以西，肯定是印度片壓過香港片和台灣片。

「你要去哪裡？」商人問我。

「想搭巴士去倫敦……」

「哦。」

他的反映太平淡，我反而有些愕然。過去我一這麼說，聽者都有訝異的反應，五十多歲的他沒什麼反應，反而讓我好奇。

「你去哪裡？」

「阿拉伯。」

「阿拉伯什麼地方？」

「你不知道的小鎮。」

「坐巴士嗎？」

「當然，也要坐船。」

我不敢確定，但他可能住在波斯灣岸的小國。坐船到伊朗、再坐巴士經過阿富汗和巴基斯坦回故鄉印度。在故鄉度過一段時間後，返回現在住的地方。我不知道他多久做一趟這種旅行，但是坐巴士橫越歐亞大陸沙漠返鄉的過程本身，就不是一件小事。

他帶了少許印度絲回去。雖是返鄉，他畢竟是商人。那絲可能裝飾在阿拉伯石油暴發戶的身上。或許，「絲路」至今未死。

阿富汗的風景沁入人心。尤其是賈拉拉巴德到喀布爾，沿途景觀美得在絲路中也不多見。

陡峭的山崖像沒有盡頭的牆壁般綿延不斷，走過斷崖奇景後就是流水清澈的山谷河流。沿河往上游前進，便是一汪碧藍的湖水。從東南亞到印度，我那一路只看見泥濁河水的眼睛感到悸動般的新鮮。

牽著駱駝的游牧民浴著落日緩緩橫過沙漠。或是沙塵漫天，二十幾個變成灰色的蒙古包架在沙漠中，之間冒起像是炊煮晚飯的縷縷白煙。只有一個老人向著西方的麥加進行晚禱。

上山下山、經過懸崖峭壁，從巴士後窗回顧剛才經過的路，只見被夕陽染紅的群山包圍的平原，和蜿蜒其間閃閃發光的河流，不覺屏息。像受到那景觀吸引，其他乘客也紛紛往後看，像我一樣屏息，茫然望著那就要化成黑暗的淡紫色世界的神秘之美。

夕陽逐漸隱沒的西面山巒，一片夕陽餘暉的東方峻嶺，以及穿行其間的一輛巴士。這片廣大的沙漠中，有的就只有這些……。

第十一章 石榴與葡萄

絲路（二）

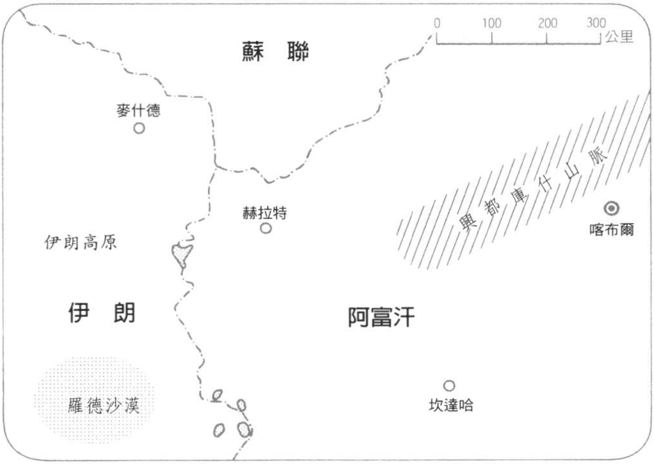

1

抵達喀布爾時已經天黑。我和將繼續前往坎達哈的商人告別，就去找尋廉價旅館。找過幾家，但在巴士站附近沒有價錢合適的旅館。

喀布爾不是加德滿都、臥亞、馬拉開什那種「聖地」，但對從歐美過來的嬉皮而言，那是到達印度以前的綠洲小鎮。從歐洲前往印度和尼泊爾途中，或是反向回鄉的歸途上，旅人常常在喀布爾療養長旅的疲累。

這個城市夾著喀布爾河分為兩半，北邊是新市區，南邊是舊市區，廉價旅館集中在新市區，但我不想住像彩虹飯店那種嬉皮旅館。舊市區裡有市場，有市場的地方一定有廉價的商務旅館。我順著自己的直覺，走進天黑後人影稀疏的市場裡。

這個季節雨水不多，市場大路上紙屑與灰塵共舞。走在冷清的街道上，發現兩旁有幾家老舊的商務旅館。我一間間打聽價錢時，天空不知何時已變成濃稠的藍色，星星綻放清光眨眼。天氣已涼，白夏瓦的悶熱已遠。我僅穿著薄衣的身體從裡透冷到外。

找到一間一晚二十阿幣、約一百二十日圓的四人房。其實我想一個人睡，但今晚暫時委屈一下吧！我大概一副很冷的樣子，付過房錢後，靠著暖爐的老闆請我喝杯熱茶。

房間裡已經有兩個阿富汗人，都是老遠來到首都的鄉下人寒酸打扮。我們語言不通，只能微笑相對。比起印度人和巴基斯坦人，阿富汗人較易親近，可是我也不能一直和他們玩著笑臉的遊戲。出去找飯吃時，市場裡的商店幾乎都打烊了，人影極少。我徘徊在清冷的市場裡，好不容易看到一家餐館，吃了酥餅和烤肉後立刻回旅館。

我一回房就鑽進床鋪，但只有一床毛毯，冷得睡不著。只好從背包拿出睡袋。身體終於暖和些，正迷迷糊糊快睡著時，不知哪裡的清真寺傳來朗朗的祈禱聲。因為用擴音器，聲音大得聽起來就像在耳邊，而且沒完沒了。這樣喀布爾的人還能睡得著嗎？我嘀嘀咕咕地抱怨，不知不覺也睡著了。

翌晨，走到外面一看，感覺大大不同。天光乍亮，喀布爾市區和居民都一副和昨天截然不同的開朗表情。

天空藍得清澈，大氣乾冷，陽光亮得耀眼。沒有一片雲朵的天空飄著風箏，好像過年一樣。我環視四周，人潮多得昨晚沒得比，每個人都穿著樸素但像是最好的衣服。路上有照相攤和理髮攤，每個攤子都生意興隆。剃著光頭的少年旁邊，一個大男人表情緊張坐在椅子上，讓默片裡出現的大型照相機拍攝大頭照。幾個人圍在旁邊笑嘻嘻地看著。路旁的攤子賣著大桶裝的水煮大豆和四季豆，也有洋菜、麻糬，大人小孩都高興地買來吃。

這時我才明白，大白天裡大家都坦然地買東西吃，意味著齋戒月結束了。昨夜的祈禱一定是齋戒結束的祈禱。齋戒結束了，大家都一副暢快的表情。對他們來說，今天是有點像過年。他們吃的不都也是年菜嗎？

中央廣場的草地上，人牆圍成好幾個圈子。我窺看其中一個，是有點像日本相撲的摔角比賽。有裁判、也是兩人徒手對賽，除了因為天冷沒有裸著四肢、穿丁字褲外，其他一切都類似相撲。他們互相扭抓摔打，觀眾圍起的圓圈就是「土俵（相撲賽場）」，但只在被對手摔倒時才算輸。

場中兩人用力扭住對方的腰，使勁提起對方褲腰就摔……啊呀、一記提腰摔……噯呀！反被來個挾頸擰腰摔……不行！這回是過肩摔……。不知什麼時候變成了柔道。當然，敢上場的都是對自己技巧和力氣頗具自信的業餘好手。伊斯蘭教國家不能喝酒，觀眾一邊吃著水果，一邊高興地觀看。廣場上有好幾個類似賽場。

如果說蜜柑是日本過年必備的水果，在阿富汗就是石榴和葡萄。到處都有堆積如山的新鮮石榴和葡萄在賣。

更壯觀的是，數目不輸石榴的男人坐在喀布爾河堤上發呆。他們像停在電線上的麻雀，只是肩靠著肩望著行人。雖然有人說話，但幾乎都是沉默地坐著。就這樣一整天茫然坐著曬太陽，一切都是那麼閒散。我想，這的確是阿富汗的過年。

2

我第二天就離開商務旅館，搬到阿貝斯旅館。

我想住單人房，一邊享受阿富汗的新年風光，一邊找尋旅館。我也去新市區看過，旅館的行情大致相當，於是到喀布爾河附近尋找更便宜的旅館。阿貝斯是其中一家。

我在門口問價錢，說是一晚四十阿幣。一阿幣約等於六日圓，房價等於二百四十圓。可是我一天房錢不能超過二百圓。不是出不起這個錢，只是想到以後的開銷，還是能省則省。

住旅館的代價

我正要離開時，櫃檯後面的人叫住我。因為很暗看不清楚，只知是個年輕人。

「你是哪國人？」

有些腔調但是簡潔易懂的英語。

「日本人。」

這時，裡面的年輕人現身。像是少年的稚嫩表情中有對靈活銳利的眼睛。他像估量我的身價般上下打量我。

「你打算在喀布爾住多久？」

「一個星期吧！」

我也沒那麼確定，但這麼說後，他立刻說：

「那就十阿幣。」

一舉減到四分之一。我常聽說伊斯蘭教國家所有事物都沒有定價，交易進行中一切都能改變。但是，原來要價四十阿幣和市場行情差不多，他卻降到四分之一。十阿幣就是六十日圓，我不敢相信這個價錢能住到單人房。

「憑你一句話不要緊嗎？」我有點調侃地問。

他臉稍微歪著，不以為然地說：「我是經理。」

我很想說以你這個年齡來說混得不錯嘛，但是想不起適當的英語。

「但是，有個條件。」他說。

果然，要不，六十日圓怎麼住得到單人房。

「什麼條件？」

「幫我拉客。」

「拉客？」

他說，黃昏時幫他去巴士站拉嬉皮客人，我就可以十阿幣的價錢住下。他的語氣非常霸道，我有點生氣，但一晚六十圓的魅力勝過自尊心。或許，拉客這意外的要求也掀起我的好奇心，覺得自己大老遠來到喀布爾幫廉價旅館拉客，頗有自虐的趣味。於是好玩地答應幫他拉客。

年輕經理自稱叫卡馬爾。

卡馬爾說，這裡以前是商務旅館，但是不太賺錢，他想改成嬉皮旅館。重新油漆、安置床位，但是轉型的日子還短，還沒滲透嬉皮之間，因此需要拉客。

我住的房間不壞。雖然只是有一張簡易床的狹窄房間，但一想到是單人房，住大通鋪夠久的我已很滿意。

從市場的商務旅館把行李搬過來後，太陽還高，為了彌補昨晚的睡眠不足，我先小睡一下。

用力的敲門聲把我吵醒。窗戶射進黃昏的陽光，我打開門，卡馬爾站在外面。

「快點去拉客！」

我還茫茫然地，他又說：

「巴士早都到啦！」

我有點不高興他的命令口氣。我又不是你的職員。雖然只是十阿幣，但我畢竟是花錢的客人。因為筋疲力盡想睡，今天就不能通融一下嗎？當然，這都只是我腦子裡的說詞，但我實在很累，還是沒有什麼精神。

洗過臉，正要去巴士起站時，卡馬爾也跟來。是想監視我嗎？我更加不爽。

「你去幹什麼？」

「拉客啊！」

卡馬爾像嫌我問得無聊似的歪著嘴回答。

「那就不需要我囉！」

「不，我拉歐洲客，你只要拉日本人。」

我聽了暗自鬆一口氣。其實我根本沒自信要對歐美的年輕人說什麼才好，但卡馬爾接下來的話又讓我生氣，他說，他可以用英語招攬歐洲人，但麻煩的是日本人，雖然日本人多半是好客人，不過英語都講得不好，無法溝通，所以很高興有我去招攬日本人，因為日本人會信任自己人吧！他說：「就這樣吧！因為你的英語也很爛。」

不用他說我也知道，但是讓比自己年輕的人這樣調侃，實在難以保持平靜的心情。我不想幫他拉客，日本人來的話，我就送他們去新市區的旅館。我有點賭氣，但當時是真的這麼想。

那天不論東來西往的長途巴士都沒有日本人。卡馬爾招呼了幾個白人嬉皮，但都失敗。

第二天起，我下午就到巴士站的廣場，躺在水泥地上，茫然等著巴士到來。從白夏瓦和赫拉特（Herat）來的巴士抵達時間大致已定，到時候去就可以，但我也沒旁的事情可做，就在那裡眺望往來行人消磨時間。巴士快要抵達的時候，卡馬爾就會來，坐在旁邊等候。

有天，卡馬爾問我：「你幾歲？」

「快二十七了。」我老實地回答。

他沒好氣地說：「這把年紀還做這種事？」

他對我好像有特別的厭惡感。

「你幾歲？」

「二十一。」

「這個年紀就當上經理，了不起。」

我挖苦地說完，他低聲說：

「我很早以前就從事這行了。」

我坐起身子，那話語引起我想要深深窺視他的念頭。

「很久以前就開始工作了。」

「從小嗎？」

「嗯，好多年，好多年前。」

那時，我好像能夠了解他厭惡我的原由。他看到我這種無目的的持續旅行、無目的的生活就忍不住鄙夷。他也這麼說：

「你們真傻，個個都又窮又髒。究竟為了什麼旅行，是為快樂吧！卻沒有能夠帶來快樂的金錢。傻瓜。我就是要賺這種傻瓜的錢。」

他問過我為什麼旅行。我不想回答。因為從德里坐野雞車到倫敦不是他要的答案。但不論如何，我不認為他對我的厭惡感有什麼正當性。

另一天，卡馬爾在路上突然問我：

「你的英語在哪裡學的？」

「學校。」

「學了多久？」

我說從中學到大學、差不多十年時，他忍不住笑出來。

「那樣是學了十年？」

我對他稍微諒解的感情又恢復原樣。

又一天，坐在廣場時，卡馬爾拿著一張紙坐下。突然對我說：「你寫下來！」

他說要做張名片，用英文標明旅館地點，但他不會寫，「在觀光局對面（opposite

tourist office)。」阿貝斯旅館確實在廣場中央的觀光局對面。

「O、P、P、O、S、I、T、E」，我一個一個拼出字母，但是他沒有動手寫的跡象，愣在那裡。我又唸了一遍，叫他寫下來，他一副不知所措的表情。原來他的英語能說不能寫。我在紙上寫下opisite後，他催我寫出其他的字。那時我變得有點殘忍。

「你去觀光局看看嘛！那邊才是正確的。」

他勉為其難地去了，但很快就回來。

「都沒看到。」

應該不可能。這次我和他一起去，大門上方懸著大招牌，上面寫著TOURIST OFFICE。

「不是在那裡嘛？」我口氣有點埋怨。

他低聲說：「啊，就是這個啊！」

他不僅不會寫，連讀也不行。不只看不懂，連字母都無法辨識。

「這些字就是TOURIST OFFICE嗎？」

他又嘀咕一次。那語調太過老實，我有點難過，感覺自己做得過分了。我很想責罵自己，對年紀遠比我小的卡馬爾生氣、毫不寬容的心態。這樣放任自己的情緒，又如何繼續旅行下去呢？

OPPOSITE TOURIST OFFICE
ABES HOTEL
MANEGER KHAMAR

我仔細幫他寫在紙片上，他沒說謝，但是表情欣喜地跑回去。

之後，約一個星期時間我罹患感冒，整整躺了兩天，卡馬爾沒叫我去拉客。等到身體稍微舒服後出去，隨後而來的卡馬爾向廣場小販買了一個大西瓜，用一直放在口袋裡的銳利刀子切成兩半請我吃。

3

喀布爾是個寒冷的城市。時節已入晚秋，不，應該已是初冬了。白天無風無雲，感覺還有點溫暖，但是天一黑，寒意就從腳掌心直往上竄。喀布爾位處岩山環繞的盆地，海拔一千八百公尺，冷是當然，我已習慣印度和巴基斯坦濕熱的身體對此反應相當強烈。

城市被喀布爾河一分為二，南邊的舊市區是市場和泥造住宅混雜的老城，北邊的新市區有政府部門、外國使館和嬉皮住的廉價旅館。

我覺得奇怪，為什麼嬉皮旅館集中在新市區呢？其實市場附近的髒亂地點更適合，或許對西歐的嬉皮來說，居住環境還是需要某種程度的整潔吧！

嬉皮街上有一百多家頗受旅人喜愛的皮製品、古美術、民藝品等商店。當然，也有不少販售在乾燥的阿富汗穿時舒適、但帶回潮濕的日本後皮革變硬而不能穿的阿富汗皮衣店。街上不只有嬉皮，也有財力稍微寬裕的外國旅行者慢慢逛著店鋪。然而，夏天已經結束，觀光旺季已過，街上冷冷清清。

嬉皮街上除了阿富汗特產，還有嬉皮聚集處必定有的搖滾樂、大麻和西餐。我吃膩了麵餅後，就到新市區吃西餐。吃一客一百數十日圓的套餐。

像是卷纖湯（豆腐壓碎炒過，再加牛蒡、豆芽、香菇等熬的湯——譯注）的湯
肉很硬但還是牛排的牛排
胡蘿蔔炒飯
兩種葉菜沙拉

好幾家餐廳供應這種套餐。

有一天，拉客完畢、走在新市區裡想找新餐廳時，碰到一群日本青年。我在一家餐廳前面研究菜單，聽到裡面傳出日本歌曲。那家餐廳附屬於廉價旅館，我立刻想到唱歌的是住在旅館的客人。我豎耳傾聽，吉他伴奏聲中唱的是令人懷念的〈旅人喲〉。我不覺走進門，穿過中庭來到聲音所在。

那裡果然是嬉皮旅館。我窺看主建築旁的木造大通鋪裡面，五、六個日本人隨意坐在床上，表情陶醉地唱著歌，從校園歌曲轉到「披頭四」的流行音樂。我就站在門口聽著。一個年輕人看到我，招手讓我進去。要是在日本，我大概不會進去，和一堆陌生人一起唱歌。可是那時的我毫無抗拒地進去，坐在附近的床上跟著大聲唱。我還是依戀人類的。

唱歌空檔閒聊時，知道他們不是同一夥，而是在歐洲認識的兩個人和中東認識的三個人分別取道向東，又在這喀布爾的大通鋪裡見面。

偶爾，旁邊的人傳來煙管。這和獨自吸大麻不同，只感到藥力柔柔地滲透進身體各處，將心融化般。睽違許久的酩酊感覺。

從那天以後，拉客以外無事可做的我，每天都到新市區找他們。談話中知道他們的名字：特別瀟灑清俊的橫田；搭便車遊遍歐洲，一天只花兩美元的娃娃臉阿敏；總是爆出無聊笑話嘀咕「討厭自己」的阿裕；總是安靜地把大麻塞進煙管的健；任何歌曲都能用吉他和口琴伴奏，可能是著名音樂家的阿原……。很高興沒有人因長旅而頹廢不堪。

我去時一定吸大麻、唱歌。

配合阿原的伴奏唱歌時，隔壁房間的法國少年和德國年輕水手一定過來。唱歐美歌曲時就嘴裡哼著，手打拍子，唱日本歌時就默默聽著。我們唱膩了開始閒聊時，他們也一直安靜地坐在那裡。我們講的是日本話，即使無聊，但在我們離開房間以前他們還是不走。大概是不想孤獨待在自己的房間吧！

每個人都寂寞。我返回阿貝斯旅館途中，襯著夜晚的寒意，更深深感到心中的寂寥。城市前後的山坡住宅建得密密麻麻，看到那邊的隱隱燈光，心靈總為之撼動。猛然想到，那裡有真正的燈光啊！

在德國住過一年的橫田知道我要去歐洲時說：

「歐洲的冬天很冷。不是那種下雨、下雪的冷，而是回到旅館時空無一人的冷。」

但是我覺得，那種冷不限於歐洲，旅人必須面對的寒冬總是縈繞身邊不去。

另一天，我像往常一樣到那房間時，所有人都吸了大麻、情緒正高昂。我加入他們，一邊傳遞煙管，一邊唱歌。不知為什麼，大家唱的都是貓王艾維斯・普里斯萊（Evis Presley）、保羅・安卡（Paul Annka）、尼爾・沙達卡（Neil Sedaka）的老歌。

在懷念老歌的引導下，不堪大麻效力的娃娃臉阿敏趁著情緒正高昂時，寫信給在日本的愛人。寫完後大聲朗誦。內容亂七八糟，但凌厲地傳達了意思。

「……我喜歡炸豬排店。因為大家都叫我寫，妳喜歡炸豬排店嗎？總覺得有點奇怪，非常奇怪，但是大家都很幸福。雖然這封信很奇怪，但是吸了大麻和唱歌，大家都很坦蕩。妳喜歡炸豬排店嗎？……」

阿敏好像想和愛人合開一家炸豬排店。他高興地朗誦一遍後，隨著時間過去，好像又覺得這封信不能寄出去，於是重寫，自我厭惡的阿裕說：「傻瓜，這樣就好，這樣就好。」同時將航空信箋封好。法國少年和德國水手只是笑嘻嘻地看著。不知什麼興致，阿裕說起日本和西班牙曖昧手勢的不同時，法國少年突然精神抖擻、開始一下彎曲、一下伸直指頭起勁得很。義大利的……德國的……俄羅斯的……不知何時歌曲變成〈女人心〉、〈街上的廣告人〉、〈慕影〉。

想望你朦朧身影
雨夜悽悽看不見
月光辜負我相思

變成了大合唱。

第二天我再去時，阿裕和阿敏說隔天早上要啟程前往印度。阿原和健也將離開。都要陸續離開了。

我要回去時，阿裕說「明天恐怕見不到面，先向你辭行」後，又低聲說道：「真的是見面就說再見吶（Hello goodbye）！」

旅行以來多次相聚又別離，雖然已經習慣，但和談得來的人分手還是難過。我嘴裡唸著 Hello Goodbye，感到微妙的感傷與甜蜜，不覺臉紅頭昏，同時又有著年輕旅人共通的深深失落感，覺得某個重要的東西已然消逝。

走在夜路上，每次和緊緊裹著披肩急步返家的人擦身而過時，就感覺寒意更深入體內。

4

本來以為住個三、四天就夠了的喀布爾，沒想到變成長居。離開德里以來，一口氣從印度到巴基斯坦，又從巴基斯坦趕到阿富汗。本來打算疲勞消除後就立刻啟程的，可是一個星期、兩個星期不知不覺地過去。

對我來說，喀布爾住得並不舒適。雖然已經習慣阿貝斯旅館的拉客工作，但是除此之外無事可做。有熊貓的動物園、大量展示犍陀羅（Gandhara）文化精華佛像的博物館去看過兩次，感覺也夠了。可我還是遲遲沒有離開喀布爾，因為恐懼等在此去之路上的冬天。在這裡有廉價旅館和餐廳，暫時不需要從一個城市移到另一個城市、在寒空下尋找廉價旅館。

最重要的是，我不想動。在德里廉價旅館裡熊熊燃起的「向前行」激情，似乎也在我因喀布爾的寒冷顫抖而凍僵了。我漠然想著，或許就這樣在喀布爾滯留一段時間。但是來自日本的一封信又帶給我奮起前行的動力。

信是寄到喀布爾的日本大使館郵箱。持續長旅的嬉皮每到一個國家的首都，都會順路去一下本國的大使館，查看是否有來自故鄉的信函或是旅途中邂逅的朋友來信。他們事前會告訴對方自己何時到達哪個國家哪個城市，信就寄往該地的大使館。大使館方面無奈地幫他們接收保存這些信件，只要他們提示護照就可取回信件。對居無定所的長途旅行者而言，大使館郵箱是和家人親友聯繫的唯一窗口。

家人寄到喀布爾的信中說，從東京出發前，特別在濱松町中國餐館為我餞行的建築家磯崎新和雕刻家宮偞愛子夫妻通知我家人，他們這次絲路遺跡之行將順道前往德黑蘭，如果能夠和我見面將不勝歡喜。我仔細查看發信的日期，磯崎夫妻五天後就要離開德黑蘭。

我這下慌了。我無論如何非要在他們離開德黑蘭以前趕到不可。見面的話，他們或許會請我吃頓大餐。當然，我雖然垂涎大餐，但是更渴望說日語。已經好幾個星期沒有感受到那種充滿語言機鋒的交談喜悅了，是知心人的磯崎夫妻一定能滿足我這層飢渴。

我必須快。否則……還會錯過一頓大餐。

不再好奇

清晨七點，我走到喀布爾河附近的巴士站。在盆地的寒氣中發抖，我後悔沒在市場的舊衣鋪買下那件毛衣。懷念那樁僅僅為了十阿幣、六十日圓就決裂的買賣。

巴士立刻向坎達哈出發。

路況很好。蜿蜒紅土裸露的岩山地區後，循著一條直直大路奔馳在沙漠中。阿富汗境內大部分是荒地。駱駝草匍匐在少沙的沙漠裡，沙漠以外幾乎是不見一絲綠意的岩山。

已經看不見牛，只見駱駝和羊。看到架著蒙古包過著遷徙生活的游牧民族，旁邊必定有巨大的駱駝。駱駝給我的印象比想像中更高大獰猛。牠們瞇著眼睛，張開大嘴，左右移動吃著有刺無葉的駱駝草。

經常看到追趕羊群的人。羊群少則二、三十頭，多則數百頭。巴士以超猛快速轟然駛過，路旁吃草的羊群驚慌地左右亂竄，驚醒在小山丘上打盹的少年。

為了享受和磯崎夫妻見面的快樂，我鼓起勇氣離開喀布爾，可是感冒並未全好，身體很不舒服。在巴士的搖晃中，我訝異自己對外界失去了好奇心。覺得四周阿富汗人的好奇眼神多事，連他們偶爾顯露的親切也嫌煩。

對我這種沒錢的旅人來說，厭煩別人的親切是相當危險的徵兆。因為我們這一路就是靠著人們的親切「維生」。

「維生」有雙重意義。一個是如字面所述，為了旅行、為了在異國生活，都必須仰賴人們的親切所帶來的食物和資訊。另一個是，人們的親切變成旅行的目的。像我這種旅人，在不知不覺間已覺得看不看名勝古蹟都無所謂。因為體力、氣力和財力都不堪負荷，重要的是能找到一飯一宿的地方。正因為如此，人就非常重要。對旅行而言，重要的不是名勝古蹟，而是當地遇到的人。是那種可以說是人與人之間最甜美的表現方式：親切。

嬉皮或許就是仰賴人們親切而活的乞丐。至少，人們的親切是他們整個旅行的目的。因此，對別人展現的親切感到厭煩，可以說是病得相當重了。

從喀布爾到坎達哈約五百公里。車行預定八個小時，實際上大概要十個小時。票價四百日圓。阿富汗是少數沒有鐵路的國家之一，巴士幾乎是唯一且運量最大的交通工具。巴士公司有好幾家，即使走相同路線，票價也不一定相同。從喀布爾到坎達哈的票價有五百圓、四百五十圓、四百圓、三百五十圓等多種。我沒選最便宜的票，是因為票價越便宜，車身越破。巴士公司很清楚它們自己的車況。

四百圓的票是「阿富汗巴士服務公司」的車，屬於中下級。窗戶嘎嗒嘎嗒晃動，縫隙透進的風毫不留情地吹襲車內。曬太陽的那一邊還好，坐在日蔭處的我在寒風中瑟縮發抖。竟然還有個人打開窗戶，他究竟是什麼樣的身體啊！他就坐在我前面，因此寒風直接掃過我全身。不知道是誰在喊。有人看到我冷得發抖的樣子，提醒那傢伙。但在那時，我對開窗傢伙的憎恨，遠超過對提醒他注意的人的感謝。

上午十一點半，巴士在某個不知名的小村落停車。乘客各自向四方散去。朝著和住宅相反的方向，然後蹲下來──印度以西的男人都蹲著小便。的確，在這寸草不生的沙漠裡站著小便是很沒有安全感，甚至顯得怪異。

之後，在附近的餐館吃午餐。我往裡一看，沒有桌子，只是泥土地上墊塊布，客人就盤腿坐在上面。我一進去，旁邊就有許多聲音招呼我。因為沒什麼食慾，只點了紅茶，前後左右的人都勸我吃飯配茶。要是在平常，我會跟他們解釋因為身體不舒服後再婉拒，此刻我只是沒好氣地說聲「No, thank you.」儘管他們也聽不懂英語。

他們以為我客氣，更加熱心地勸我。沒辦法，只好吃一口。但就這一口。我究竟怎麼了？我對自己的行為感到意外。

下午兩點，巴士又停車。路邊一個老人在賣水果，中年軍人買了石榴分我一半。

「Thank you.」

但我只說了這句。心裡想著不能、不能這樣失禮，可是就是沒有和他多談的力氣。

巴士又開動，坐在斜前方的年輕人好奇地回過頭來凝視我。我只要笑笑就好，可是我嫌他好奇的眼神煩人。

「China?」

他終於忍不住地問道，我不耐煩地擺擺手說「No」。

語氣裡含著不高興，我告訴自己。是日本人也好，中國人也好，我應該都無所謂的，我究竟怎麼了？

在坎達哈住過一夜，翌晨又是早起，坐上六點開往赫拉特的巴士。

巴士一路疾馳。

烈日下的沙漠，地平線上出現湖的蹤影。大概是海市蜃樓吧！追呀追的就是到不了那虛幻的湖泊。湖影搖搖晃晃、消失又再度出現。

偶爾看到村落，村旁的樹葉染上或黃或紅的美麗色澤。一離開村落，立刻又是岩山和沙漠的世界。路邊有著隨意堆起的墓碑。只是石頭堆疊而成的墳墓，無依無靠的，彷彿風一吹走就不知飄到哪裡。忽然看到那些墳墓後方有座巨大的岩山，也就了然於心。只要有這個巨大的墓標，就不會弄錯死者所在的位置。游牧民族相信亡者還會回來相會。

坐在車上，身體隨車舒服地搖晃，睡意開始襲來。像是沙漠這精采繪畫當前所引發的甜美睡意。

那時，畫中突然衝出一隻野獸，疾馳奔向我們。是一隻狗，牠猛烈狂吠，以頭衝撞之勢接近巴士。那是隻牧羊犬。我終於明瞭牠狂奔而來的原因。牠是為守護羊群而對抗外敵，衝向比牠大上幾百倍的巴士。

此刻狗就像要跳上巴士似的。那一瞬間，羊群中傳來「Ho-e」的叫聲。牧羊人在叫牠。不能讓牠撞上巴士而玉碎啊！狗還是和巴士並行奔馳，看清楚巴士不是衝著牠而來時，繞個大彎橫過沙漠，奔向羊群而去。

不只是那隻狗。只要羊群有狗跟著，狗必定會衝向巴士。那些猛烈狂吠奔馳沙漠的狗令我心下一震。我告訴自己，那只是狗的條件反射動作，不必有過度的想法，可是連續看到幾次後，我突然流下淚來。可惡！別這麼身心皆弱的樣子。我這麼嘀咕，但就是無法釋懷。

5

我在阿富汗第三大城赫拉特也只住宿一夜，翌日早上便出發前往伊朗。為了享受磯崎夫妻的大餐，無論如何必須在明天趕到德黑蘭。

從赫拉特搭乘小型巴士，三個半小時後抵達和伊朗接壤的國境地帶。

阿富汗這邊的國境小鎮是伊斯蘭卡拉，伊朗那邊的是卡卡雷夫。兩村之間是一望無際、只有沙礫和駱駝草的荒地。國境上沒有任何劃定界線的標示，就只有雙方的出入境管理事務所孤零零地佇立在這遼闊荒地上。在這人口極端稀少的沙漠裡，國境對人的生活來說，本來就無多大意義。

我們在國境事務所辦理出入境手續時，放眼沙漠遠處，看到帶領無數駱駝的游牧民族悠然通過國境。駱駝扛著全副家當和供女人小孩騎坐的籠子，頂著陽光列隊走在沙漠中。看到他們，愈發覺得只為了在手上這本護照蓋個戳記而在這裡排隊等候的我們像傻瓜。

不過，認為游牧民族能自由通行國境的想法是錯誤的。其實他們並不能自由往來國與國間，只是阿富汗和伊朗之間簽有協定，才讓他們得以自由通行。

我輕易通過阿富汗國境。檢疫的官員纏著我說「我們交換手錶好嗎？」我二話不說地伸出左手，他趕忙揮手說「ＯＫ、ＯＫ」，不再理我。我的手錶是有日曆但沒有秒針的廉價「天美時」（TIMEX）。他以為日本人必定都戴「精工」（SEIKO）。

或許全球最膾炙人口也最普及的商品中，只有精工錶堪與可口可樂相提並論。過去在許多地方，一知道我是日本人就要和我交換手錶的要求多不勝數，但當他們知道我的錶是等同於玩具的廉價品後，還會擺出一副「你真的是日本人嗎」的表情。

搭上嬉皮巴士

伊朗的國境事務所距離阿富汗國境事務所約一公里。從印度進入巴基斯坦國境時我是走路過去，但從阿富汗到伊朗，還是得坐小巴士。

伊朗海關擔心毒品從阿富汗流入，以徹底檢查旅人的行李而出名。他們翻遍我的旅行背包，也搜索了睡袋裡面，甚至要我脫下鞋子檢查。我在喀布爾時聽說這裡曾以非法持有毒品的罪名逮捕日本人下獄。

因為檢查嚴謹費時，櫃檯前排了一長列。我前面的英國青年藏在盥洗用具裡的撲克牌被沒收，因為印著金髮美女裸像。海關官員叫來同事，一張張翻看，帶著卑猥的笑臉相望。

我順利通過檢查。

看看錶，早上六點離開赫拉特，如今已近中午。國境事務所外有巴士開到附近的小鎮泰巴德。在那裡換乘開往麥什德（Mashhad）的巴士，然後再轉搭開往德黑蘭的巴士。

我找尋巴士站，發現事務所旁邊停著一輛大型巴士。車身相當破舊，油漆剝落，鏽跡斑斑。會是野雞車嗎？我望著它，車窗裡突然冒出一個年輕人，「要坐這輛巴士嗎？」

原來這是一輛行駛泛亞公路的嬉皮巴士，將經由德黑蘭到伊斯坦堡。之後的行程還沒決定，大概是到阿姆斯特丹吧！我想起海關旁邊的大廳裡是有一團髒兮兮的嬉皮被集中檢查，他們坐的就是這輛巴士。

印度和歐洲之間有好幾輛這種巴士往返。雖然也有豪華的觀光巴士，但那和一文莫名的嬉皮是無緣的。所謂「這種巴士」，是指專以廉價車資將加德滿都和德里等地急著返鄉的嬉皮送回歐洲的巴士。

這種巴士以最少的時間跑最多的里程為划算。但這樣跑下來，司機和乘客都吃不消，因此途中設有幾個停留站。到達後，乘客各自散開去找尋自己負擔得起的旅館，到約定的日期時間再回到巴士上。全部到齊後，巴士再度出發，奔往下一站。抵達歐洲後，再從阿姆斯特丹或倫敦等地招攬要旅遊亞洲的嬉皮回來。當然，這種巴士不是正規的觀光業者經營，多半是就這一輛車來回跑的個體戶，乘客得冒途中故障司機就丟下車子不管的風險。但是票價很便宜，坐了以後總是會有辦法抵達歐洲的，因此不少嬉皮就把僅剩的一點錢買這趟返鄉之旅。

停在事務所旁邊的好像就是這種巴士。

招呼我的年輕人說，這輛巴士是兩個巴基斯坦人共同出錢購買的，他們輪流駕駛。這趟是處女行，乘客主要是在喀布爾招攬的，沒到預定的人數。於是，這個在喀布爾遊手好閒的尼泊爾人受雇當拉客黃牛，當然，他還是要付車錢，幫巴士拉客只有半價優惠而已。

我還沒回答要不要坐，他就問：「你去哪裡？」

「麥什德。」

我才說完，老闆兼司機走過來，拚命勸我坐。大概資金的壓力很大吧！他說到麥什德的票價二美元。轉搭普通的叫客巴士去只要一美元；但如果坐這車就不必轉車。我拿不定主意，司機兼老闆就問我：「你在麥什德打算停留很久嗎？」

「不，只住一晚就要去德黑蘭。」

聽我說完，他喜形於色，「那就坐這車去德黑蘭嘛！到德黑蘭只要七美元。」

的確，坐這輛車就不必寄宿麥什德，浪費時間再找巴士。搭其他野雞車雖然不到七美元，但扣掉住宿費用，這輛車就便宜許多。

「你們預定什麼時候到德黑蘭？」我有點心動地問。

司機兼老闆肯定地說：「明天中午以前到。」

也就是要整整一天，這比在麥什德過夜省下許多時間。磯崎夫妻應該在德黑蘭停留到後天晚上。我想，如果是明天抵達，可以在後天晚上吃到大餐，如果明天中午就到，或許能夠叨擾他們兩頓晚餐。好吧，就坐這輛嬉皮巴士！

「ＯＫ，決定了。」

司機兼老闆和我握手，這表示買賣成立。但這卻是個錯誤的開始。

6

我坐上嬉皮巴士等待出發。嬉皮們陸續回到巴士。但是乘客都已到齊，車子還是遲遲沒有開動的跡象。

停在不遠處的野雞車估計海關櫃檯前沒有人後，立刻發動開往泰巴德。除了坐這輛嬉皮巴士，我沒有別的方法離開國境。一小時、兩小時過去，車子還是沒動。好像司機相關文件不齊備，正和海關爭執。駕駛汽車穿越國境時需要準備國際通用的許可文件，這種巴士個體戶可能不熟悉、沒有備妥入境伊朗所需的文件。

如果文件不齊而想要入境，就得繳交高額的關稅。去查看情況回來的嬉皮說，兩個司機兼老闆拚命在解釋，但是海關官員怎麼也不放行。

乘客開始有點不安，因為都已經付了錢。德黑蘭、伊斯坦堡、阿姆斯特丹或是巴黎，雖然目的地不同，但大家都是把身上僅有的一點錢付了當車資。可能還是不少人的全部財產，身上頂多只剩下吃幾餐飯的小錢。如果這輛巴士不能前進，一定有人回不了家。

警察隨行

下午四點，大家開始焦躁不安時，兩個老闆兼司機終於回來，說可以走了。大家暫時放心，但也好奇他們是怎麼擺平龜毛的伊朗海關官員的。聽剛才那嬉皮說，這輛車沿途招攬我這種乘客，才能弄到一點錢買汽油，應該沒有多餘的錢行賄。不過，到了泰巴德後，我就明白原因了。

巴士離開國境事務所時，一個伊朗人跟著上車。他鼻下蓄著短鬚，才三十歲，和嬉皮世代的乘客沒有多大年齡差距。到泰巴德後他就下車，我以為是國境官員搭便車去鎮上。但沒多久他又上車。這次手上提了一個旅行袋。司機兼老闆說，他是伊朗警察，在這輛巴士離開伊朗國境以前都要隨行，監視途中是否有非法買賣。也就是說，司機讓警察同坐，作為巴士獲准入境伊朗的條件。和警察一起旅行實在令人困擾。但想到巴士不能入境的慘況，也只好忍耐了。

巴士是五十人座，相當普通。二十幾個年輕人各自坐在喜歡的位子上。乘客國籍多樣：司機兼老闆是巴基斯坦人、拉客兼行李工是尼泊爾人，還有英、德、法、荷、義、美、澳等國人，加上日本人的我和伊朗警察，這輛巴士總共坐了十幾個國家的人。

我坐在最後一排，旁邊是漫長放浪生活後表情疲累的英國人，前面是極其頹廢的三個法國人。這兩男一女幾乎不講和大家共通的英語，自顧自以法語高聲交談，發出猥褻的笑聲，感覺很礙眼。旁邊的人假裝事不關己，但內心都有點鄙夷。

不知為什麼，我過去遇到的法國嬉皮，瞳孔深處多半都有著深深的頹廢，他們那極度的頹廢也讓其他國家的年輕人難以和他們往來。英國人、美國人看起來再糟糕，也不會像法國人那樣頹廢。

那三個法國人在這伊朗警察同坐的巴士上，公然傳吸伊朗法律禁止、光是非法持有一公克就要坐牢一天的大麻。

和他們相反的是坐在斜前方的兩個德國人。像是二十歲的學生，非常安靜，彼此很少交談，也不和其他乘客說話。但因為他們是和我一起坐小巴士從赫拉特到國境、也在那裡換坐這輛巴士的關係，在泰巴德等候警察的時間，他們主動跟我搭訕。

「你去哪裡？」

「德黑蘭。」

「那我們一樣。」

德國年輕人高興地說，又問我打算住德黑蘭哪裡？

「阿米卡碧旅館……」

我回答後，他有點失望。據他表示，他們從法蘭克福搭飛機到喀布爾玩。回程想走陸路，但是同行的女孩受不了嬉皮旅館的髒，到德黑蘭時想住好一點但不太貴的旅館，以為我這個日本人會知道比阿米卡碧好一點的旅館。和他同行的女孩皮膚白得透明、身材纖瘦，精神和肉體大概都不習慣這樣苛酷的旅行。

可是，德黑蘭的旅館我也只知道阿米卡碧而已。

從歐洲到印度的這條路上，有不少專為嬉皮而設的旅館和餐廳。其中幾家特別好的，嬉皮之間都會口耳相傳。彼此萍水相逢，一定會提供一路行來相關的旅館和餐廳資訊，指點對方到那裡就住那家旅館，來這裡就吃這家餐廳等等。

很快地，有幾家餐廳和旅館就在嬉皮之間成為傳說。新德里的「咖啡屋」、白夏瓦的「彩虹旅館」、喀布爾的「牛排屋」都是，在伊斯坦堡，也有「袞戈爾旅館」和「布丁餐廳」等著名的旅館和餐廳。

即使這些地方並不價廉物美，一旦成為傳說，仍然是旅人蒐集必要資訊的地方。像伊斯坦堡的布丁餐廳，牆壁上貼滿「徵求同車前往加德滿都者，只需負擔油錢」、「出售照相機」等小廣告。老闆生財有道，貼一張要收錢，但還是經常紙滿為患。

阿米卡碧旅館也是這種地方。確實有人告訴我，到德黑蘭就住阿米卡碧旅館。但這種旅館對生活正常的德國女孩來說，確實有著難以忍受的獨特怪味。這也不無道理。恐怕包括我在內，這輛車上的嬉皮都罹患了無感症。因為自己發出的怪味更強烈，抵消了那種頹廢氣息而無法察覺……。

大大的夕陽急速下沉。浴著那血一般的夕暉，載著奇妙乘客的奇妙巴士奔往麥什德。這時候，車上每一個人都還相信，明天中午以前會抵達德黑蘭。

7

晚上八點過後，車子開進麥什德。

麥什德不只是伊朗第三大城，也是占伊朗人口百分之九十以上的什葉派伊斯蘭教徒最大聖地。埋葬什葉派大聖人伊瑪目．雷查的大聖廟（Sanctuary of Imam Reza）在此，全國信徒皆來此地朝聖。廟的圓頂有金黃和深藍兩色，在夜晚閃爍美麗的光彩。

大聖廟附近有個市集。巴士停在附近讓我們吃遲來的晚餐。各自進餐，一個小時後集合。有人因為沒錢，沒有下車，留在車上睡覺。我在距離市集不遠的餐館吃烤肉和酥脆薄餅。菜色相同，但味道比阿富汗好。當然價格也相差近倍。從印度往西，切實感受到物價逐步升高中。

自我解脫

經過市集，照規定時間回到車上，乘客幾已到齊。

巴士再度出發。但不到二十分鐘就停下來，說是沒油了。尼泊爾人向從國境新上車的我們收取車資。不是開玩笑，司機真的是拿那錢去買汽油。但只是加個油，就耗掉一個小時。因為那兩個司機兼老闆為了便宜一點，和對方討價還價半天。雖說預定明天中午抵達德黑蘭，但看這樣子，不知什麼時候才到得了。我有點後悔，這麼草率地決定搭乘這輛巴士。

油價一直沒有談妥，於是我們下車找廁所或是散步消磨時間。附近穿著襤褸的小孩像從黑暗地面湧出似的圍著我們，伸手要錢。我們還需要人家照顧呢，不可能有多餘的錢施捨這些小孩。各自搖頭、或是不悅地揮手擋開伸過來的手，可是小孩還是跟著鎖定的目標不肯離開。

乘客中只有一個人親切笑著回應他們，他是荷蘭鹿特丹人。我知道是有原因的。我在喀布爾見過他。除了外表異樣得看不出年齡外，還穿著肯定是在印度買的一件薄棉衫，雖然時序已是秋天了。是長期粗食的關係吧，眼眶深陷，個子瘦削，但是從有光澤的皮膚和洪亮的聲音證明他還很年輕。我在喀布爾去嬉皮旅館找那些日本人時，在旅館院子裡看過他。

那時，我們幾個人在旅館院子裡閒聊。

一個人吃著餅乾，他把餅乾掰成兩半要放進嘴裡時，一小片掉在地上。那時，他正好經過。他看見掉在地上的餅乾，問我們說：「這個不要了嗎？」

掉在地上的餅乾當然是不要了。

「當然。」

吃餅乾的人回答。他於是撿起來，吹掉上面的沙塵後放進嘴裡。嚇壞了一干在場者。

我當時覺得那是對我們日本人半開玩笑的示威行為，但是第二天也看到他在餐廳裡索取別人吃剩的東西食用，也就見怪不怪。但是，我沒見過這種嬉皮，一般嬉皮即使再窮也不會這樣做。他是什麼本性呢？我很想知道，但同旅館的人只知道他是鹿特丹人。

兩個男孩纏著他，他毫無厭惡的臉色。男孩伸手纏著他要錢，但他也不像有可以施捨的錢。他要如何讓他們了解他沒錢呢？

我望著他，只見他突然從口袋掏出硬幣，那大概是他的全部財產吧！攤在掌心裡的六個里爾（Rial）硬幣。他手掌伸到小孩面前，將兩個分成一組，共分成三組。他打算做什麼呢？我好奇地凝視他的舉動。

他毫不猶豫地用手勢告訴小孩，掌上的硬幣給他們各一組，剩下的一堆給他自己，小孩像了解似的用力點頭，很高興地各拿走兩個硬幣，他自己也很高興地用另一隻手拿走剩下的兩個硬幣……。

看到這情景，我大受衝擊。

我從東南亞、印度到伊朗的旅途中，遇到數百、數千的乞丐向我伸手。可是，我沒施捨過其中任何一個人。我決心不要施捨。

給一個乞丐一點小錢能怎樣？乞丐之多無邊無際。只要不根本改變那個國家的絕望狀況，就無法解決個別的悲慘。而且，人施捨人的傲慢行為是不該被允許的……。這種想法讓我拒絕乞丐的求索。

我沒有施捨別人金錢的理由和資格。

這的確是一種說法。可是看到這個荷蘭人的行為後，我發現我只是單純地為自己「不肯給錢」找理由罷了，那根本是不想承認自己吝嗇的狗屁理論。我不需要為「不想給錢」找多餘的理由，承認自己吝嗇「不肯給錢」就好。沒錯，我只是吝嗇而已。

想到這裡，我反而覺得輕鬆起來，像將自己從五花大綁的愚蠢理論束縛中解放，變得自由自在了。為什麼必須決定「不施捨」呢？想給的時候就給、不想給的時候不給就好了。如果想給，即使那是自己最後的十圓，一樣照給。最多不過是自己什麼也沒有了，輪到自己去當乞丐罷了。如果沒有人施捨我而餓死，就那樣死去也罷。自由，大概就是這麼回事吧……。

終於談好價錢，加完油的巴士再度駛向德黑蘭。

巴士奔馳中，夜漸深，不久車內燈光全熄，乘客各自裹著睡袋和外套睡著。

我的領域是最後一排座位的一半。對面躺著英國人。長不滿三公尺的座位，兩個一百八十公分高的男人各據一半，腳難免要打架。我訝異的是這英國人特有禮貌，雖然非常疲累，但是兩腳相碰時，總是他主動讓開。

隨著夜深，外面的氣溫下降，巴士裡也相當冷。司機好不容易開放暖氣，我前面的法國女人卻打開窗戶，說是口乾舌燥。但是冷風吹的不是她，而是直接襲向後面的我。我忍耐一陣子後，終於忍不住跳起來，請她關上。她暫時關上，一會兒又打開。就這樣開開關關的。我終於放棄，把睡袋的拉鍊拉到頂，縮著身體閉上眼睛。

車內靜寂，我正模模糊糊時，被前面座椅的嘎吱聲吵醒。我坐起來，發現前面那三個法國人中的一對男女在柔軟的毛毯下抱在一起，憋著聲音動著。旁邊的英國人也起來，察覺情況後，向我聳聳肩。真是隨心所欲。但剛睡著就被吵醒後，再也睡不著了。

睡不著的情況下，我透過巴士後面的大窗玻璃仰望天空，無數晶光閃閃的星星。我從日本帶來的書，除了李賀詩集和關於西南亞歷史的書籍外，還有一本關於星座的概論。但此刻星空美麗清澈得不必借助那本書，也能正確分辨出星座的位置。迷濛星光下，清楚映出遠方山脈的稜線。此刻，我在距離日本遙遠的伊朗，因著幾個偶然，和十多個國家的年輕人一同在這奇怪巴士的搖晃中，眺望那耀眼的夜空。一陣莫名的感動。

8

一覺醒來，東方天空微微發亮。車子奔馳在高原地帶。兩個司機兼老闆輪流駕駛，車子持續跑了一夜。

晨光從山和山之間射下來。乘客一個個醒轉。有人突然對司機喊：「Stop!」司機又繼續開一段路，停在灌木叢茂密的小河旁邊。叫停車的那個人匆匆下車，衝進草叢裡。有幾個人也學他在這廣闊高原上各自找個隱密地方小便。其他人也跟著下車，伸展四肢，用河水洗臉。高原上的水冷得像冰，但是大家都很享受似地洗著臉。這個冷對長時間侷促而睡的身體反而覺得舒暢。

車子繼續行駛兩個小時，停在路旁的茶店，在那裡吃早餐。

從那天到星期日是伊朗的連續假期，滿載乘客的長途巴士一輛接一輛開來，停靠茶店休息。伊朗巴士的超載情況嚇人，連本來堆放行李的車頂也坐滿了人。萬一來個緊急煞車，很可能會摔下車來。

我在茶店裡認識一群要去麥什德旅行的德黑蘭大學生，我點的紅茶端來時，果然如那位印度裔的阿拉伯商人說的，杯中有塊菱形砂糖，我覺得很有趣，端在手上凝看時，他們以為我不知道怎麼喝而主動告訴我。他們知道我是日本人後更加親切。談話最後，他們說到將來也要出國旅行的願望。他們沒把自己的未來描繪得很光明，似乎已經看破，在沒有背景就無法成功的伊朗，再怎麼努力也是枉然。

「因為我沒有……」

一個人才用蹩腳的英語說，其他人就接著說：

「巴勒維（當時的伊朗王國，後被推翻——譯注）關係啊！」

於是全體大笑，但感覺不到玩笑的開朗。

比起學生，伊朗的老人豁達得多。

一個老人認出我是外國人後大聲呼喚我，請我喝茶，還請我抽他的水煙管。他不介意我不懂波斯語，很認真地跟我交談。我也隨意地用「嗯、嗯」或「這樣啊！」的日本話附和，居然也能交流。臨走時我要付茶錢，老人堅決不受。那是所有國家老人共通的、充滿驕傲威嚴的拒絕。我也只好坦然接受他的好意。

途中插曲

上午九點，巴士離開茶店。

可是沒走多久，引擎開始發出抽筋似的怪聲。巴士喘吁吁地跑在伊朗的農村地帶，我們雖然著急，巴士卻像嘲弄我們般，狀況越來越嚴重。司機終於停車檢查引擎，但也束手無策。

這時候負責監視巴士的伊朗警察派上用場了。

起初，他像被小聯合國般的異樣團體聲勢壓倒，非常老實。對他來說，從國境這端到達那端的旅行或許是一輩子難得一次的大旅行，無法輕易紓解緊張也不無道理。但是經過一夜後，他恢復開朗本性，開始和大家一起大聲唱歌。他也知道乘客多半身無分文、司機也沒餘錢，產生些許俠義心腸，放鬆以後的他不像監視員，反而更像個窮旅行團的隨車服務員。

巴士喘得更嚴重，必須找個地方修理。車子偏離公路，駛進最近的村莊，警察向村人打聽幾家修車廠中哪一家最便宜後，又去殺價。

修車期間，我們又到茶店消磨時間。有人在付帳時和茶店老闆發生衝突。老闆起初說是三里爾，然後又說應該是五里爾。介入調停的警察看雙方堅持不讓，乾脆說：「這樣吧！我出那兩里爾。」他像是個好脾氣的人。

那裡是典型的伊朗農村。黃色的稻田、樹葉染紅的樹木、結滿白色種籽的棉花田，以及成群飛聚的羽蟲。和之前風景肅殺的荒地不同，感覺好柔和，也很豐富！那裡有多樣豐富的色彩，在我眼中華麗得不得了。

故障修好後，巴士又開始奔馳。正覺得車子走得很順而放心時，又突然停車。這回是開錯路了。在這條泛亞公路上還會迷路，我覺得匪夷所思，總之，我們是闖進山中支線而迷路了。警察拚命地向散居附近的住戶打聽，總算回到正路。

從麥什德到德黑蘭，有沿著裏海的海線和循內陸前進的山線兩種選擇，但我看不出這輛巴士走的是哪一條，以為看見湖泊了，車子卻駛進山地。這時候我已不再有中午時可抵達德黑蘭的奢望。一心只期望能順利到達德黑蘭就好。

途中，在一個小鎮休息吃午餐。那裡有一棟漂亮的旅館建築。可是，在這波斯之地、又是如此安靜優美的小鎮，為什麼必須取上那樣讓人難過的名字呢？它叫「邁阿密」飯店。我們魚貫進入邁阿密飯店。

我在廁所洗把臉，慢慢走到餐廳，眾人已開始進餐。有人節省地填飽肚子就好，那位警察卻吃著豪華的羊肉燴飯。就是把羊肉、葡萄乾和奶油加在米裡一起煮的燴肉飯（pilaf）。是典型的波斯食物，看起來美味可口，我問來點菜的小弟多少錢，他說「十」。

如果是十里爾，則不到五十圓，算是相當便宜。我點了以後，旁邊的嬉皮都露出訝異的表情。起初我不明白，等到付帳時才了解。我津津有味地吃完，拿出十里爾時，小弟說不夠。我問差多少？

「Ninety.」

「十九？」

「No, ninty!」

差九十里爾。別開玩笑！我擺出要和這看我是旅行者就想敲詐的惡德小弟吵架的態勢。這時一個嬉皮出面說別鬧了，那價錢不是十里爾，而是十「特曼」。伊朗貨幣的基本單位雖是里爾，但日常生活中使用的是特曼。一特曼等於十里爾。因此燴肉飯的價格是一百里爾。那差不多是五百圓，等於我一天開銷的總額。我質問周圍的人，為什麼不事先告訴我呢？其中一個笑著說：「因為你是日本人，特曼和里爾都差不多吧！」

珍惜相處時光

太陽已開始下沉，德黑蘭依然在遙遠的地方。奇怪的是，乘客中無人焦躁不耐。

幾十個小時在同一輛巴士上搖晃，感覺像永不結束的遠足。國籍不同，語言殊異，但都屬於同一世代，使得彼此抱有親切感。不久，休息時就有人買來點心分享周圍的人。巴士走走停停，也有人買水果分給大家。最大方的竟然是那三個法國人。

在車上彼此雖然不太交談，但有份共享一種氣氛的親近感。沒有人問什麼時候到德黑蘭。大家都知道總會到的。

乘客幾乎都是在印度、尼泊爾或是阿富汗做完奔放之旅要返回歐洲的年輕人。沒有人歸心似箭，反而覺得越快回去、青春的歲月就越快遠颺。雖然那些日子未必都是自由甜美，多半是苛酷的，然而一旦失去的時間逼近時，又覺得珍貴得不得了。在故鄉等待的只是「正經的生活」。那雖然也不壞，但自己能否回歸那種生活？不能說沒有一點懷疑。即使能夠回歸，是否也真的受得了「正經的生活」呢……。

他們的困惑很快也會成為我的困惑。

太陽西沉，暮色濃暗。

警察突然站起來開講。因為是波斯語，我們簡直是鴨子聽雷，可是他很認真。司機兼老闆之一略懂波斯語，根據他翻成的英語，警察大概是說：「我們大家素昧平生，很高興能有這個機會歡聚一堂，彼此理解。但是到了德黑蘭後，彼此將各奔前程，在那之前，想為各位開一個送別茶會……。」

乘客笑嘻嘻地聽著他的建議，但很快就陷入感傷的情緒裡，大家說好找一家茶店喝茶。

車子繼續行駛，路旁有個庭院樹木掛著彩色燈泡的庭園茶店。巴士停車，大夥兒一起進去，店老闆飛奔而出，說已經打烊了。可是還有不少客人坐在桌前喝茶，大概是嫌我們太髒。

警察拚命地勸他為了國際親善、國際和平，接受我們這批客人，但是老闆堅持不答應。不願任何一件器物被偷的想法都比親善和平來得重要。這也當然。

大家從興奮中清醒，反倒認為我們想舉辦送別茶會這種「少女式聚會」的想法可笑，大家只好心領警察的善意。茶店老闆的慌張模樣一時成了巴士上的話題。

晚上九點，又為晚餐停車。我請那荷蘭人吃羊肉番茄燴飯。他毫不卑屈而鄭重地謝謝我。

巴士又繼續上路。夜更深，已過午夜零時，離開阿富汗和伊朗國界已是第三天了。每個人都筋疲力盡地躺著，我也裹著睡袋迷迷糊糊地睡著。

睡夢中感覺巴士左彎右拐。好像又迷路了。不久，像是開入山中險路般劇烈顛簸。我還是繼續睡，但因為晃得太厲害，終於睜開眼。

後車窗玻璃上一片濛濛的灰塵，看不見昨晚一樣的星空。但是我坐起來往前看時大吃一驚。透過擋風玻璃，看見一片遼闊燦爛的燈海。

我們好像位在小高丘上，直線往下的坡路對面就是城市燈火。那比我們經過的任何一個城鎮都要華麗耀眼的霓虹燈，透過秋的夜氣閃閃熾熾，那份輝煌震撼我心。

有幾個人還醒著沒睡。睡著的人一個個被他們的讚嘆聲吵醒，屏息靜觀那燈海之美。

那片光海就是德黑蘭。

但路還長。巴士揚著漫天塵土終於抵達德黑蘭時，夜已微微泛白。

巴士要在這裡停留三天，招攬新的乘客開往伊斯坦堡。還要繼續坐這輛車的人各自尋找住得起的旅館，三天後再到這裡集合。我大概還是會搭其他野雞車吧，便在這裡和他們告別。

一下車，晨風雖冷，但很舒服，收緊了鬆弛的體魄。波斯清晨的風，和清真寺頂的顏色一樣，是濃濃的蒼藍色。乘客在風中散向各自的去處。

分手時，我對荷蘭人說：「後會有期！」

他卻指著巴士說：「From Youth to Death.」

他大概是為這班巴士命名為「從青春到墳場」班車吧！

第十二章 波斯之風

絲路（三）

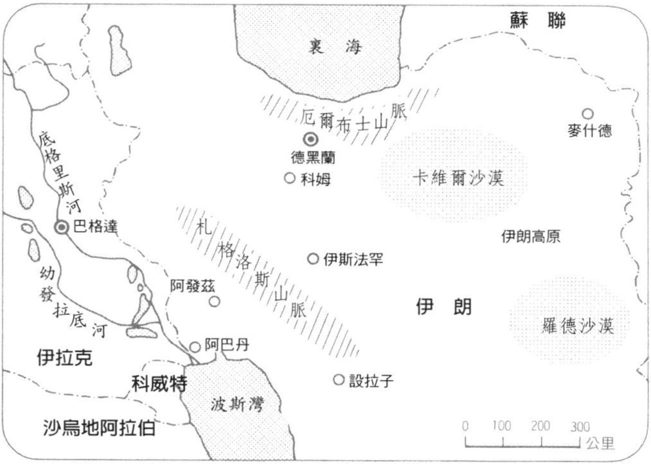

1

阿米卡碧旅館在輪胎店的樓上。我到櫃檯問大通鋪的價錢，三人房要一百里爾，大約四百五十日圓。對從歐洲來的旅人而言，或許感覺便宜，但對在印度、尼泊爾住過一晚只要五、六十日圓的人來說，是相當貴的價格。

阿米卡碧是個街名，附近形成一個廉價旅館區，另外還有幾家廉價旅館，可是我去打聽價錢時，到處都客滿、沒有床位，只好再回到阿米卡碧旅館，睡那一晚一百里爾的床。

巴士長旅讓我筋疲力盡，想盡快辦好住房手續窩到床上睡覺，但是在十點以前沒有空鋪。我坐在櫃檯旁邊的椅子上，吃著旅館餐廳買的麵包和牛奶。

肚子填些東西後感覺有點精神。想起非得在傍晚以前找到磯崎夫妻不可。明天他們就要離開德黑蘭了吧！信上是這樣寫的。麻煩的是，我根本不知道他們住在哪家飯店。

媽媽在信上說，磯崎夫妻主動打電話給她，說他們最近參加一個絲路旅行團，最後會到德黑蘭，可以的話，想在那裡和我見個面。磯崎夫妻以為媽媽能夠聯絡上旅行中的我才通知她這件事，但是，媽媽卻聽漏了最重要的飯店名字。我想應該是她沒聽懂。媽媽以為我能想辦法打聽到，而我原來也這麼以為。雖然不知道飯店名字，但德黑蘭的觀光飯店也有限，只要去問問有沒有日本團體觀光客住宿就知道了。但是來了才知道，事情沒這麼容易，因為德黑蘭正是那遼闊光之海一般的大都會。

我問阿米卡碧的老闆德黑蘭有幾家觀光大飯店，他說一百多家，我不可能一家家打電話去問，該怎麼辦？雖然有點煩，但我沒時間灰心。無論如何，我想吃到一頓豪華大餐。

那時，一個想法閃過腦際。似乎一牽涉到食物，人就能發揮意想不到的冷靜。

我開始搜尋可能住在阿米卡碧旅館的日本人。

八點過後，要吃簡便早餐的住宿客人陸續來到餐廳，我看到一個像是東方人的青年獨自坐著。他的髮型和眼鏡框感覺很瀟脫，明顯是日本人。我走到他旁邊，問他有沒有中近東國家的旅遊手冊，並補充說最好是日文版。於是，他把世界主要都市地圖和記載簡單導覽事項的書遞給我。

「這裡面有幾個中近東的都市……」

「德黑蘭呢？」

我問，他點點頭。

旅遊手冊正是我最希望看到的種類。貨幣、氣候、交通等資訊簡潔明瞭，還有住宿項目。上面記有八個飯店的名稱，分高級、一等、一般三個等級。在高級那一欄裡，有希爾頓和Commodore（統領）兩家，附有電話。

我看到Commodore Hotel瞬間，直覺閃過就是這家。

我判斷的第一項根據是，磯崎夫妻參加的可能是美術家和建築家組成的旅行團，當然是住高級飯店。第二，應該是在日本就已預定的飯店，因此很可能是日本旅遊業者熟知的飯店。第三，媽媽會聽漏飯店名字，一定是發音聽不習慣而有點拗口。

綜合判斷，他們住的飯店應該登記在日本發行的旅遊手冊上。高級而發音複雜的飯店很可能就是Commodore了。我這麼想後，愈發覺得那是符合他們夫妻身分的飯店。

我在櫃檯旁的公共電話打去Commodore Hotel，請總機接到櫃檯，詢問是否有姓ISOZAKI（磯崎）的日本人住在那裡。櫃檯人員去查看旅客登記表，話筒中沉默了一下，很快就有一個開朗的聲音傳回來。

「有了，SOSAKI，在一一七號房。」

找到啦！我暗自叫好。我真是聰明！一舉中的。我請櫃檯人員把電話轉到一一七號房，但是鈴響了幾十聲都沒人接聽。

「SOSAKI，不在哦。」

櫃檯職員納悶地說。大概是去吃早飯了，好吧，那我就直接殺到飯店嚇嚇他們，順便A一頓豐盛的早餐。我向櫃檯職員道謝後掛掉電話。

看地圖距離沒多遠，但實際走到位在巴勒維街的飯店花了三十多分鐘。

我到達時直接去餐廳查看，沒看到像是他們夫妻的人。我對豐盛的早餐絕望，直接上去一一七號房。可是，房門敞開，清潔婦正在清掃房間，裡面空蕩蕩的。我用手勢問清潔婦這房間的客人去哪裡，她好像無法理解，只是傻笑。

我回到櫃檯，問ＩＳＯＺＡＫＩ的行蹤，櫃檯職員抱歉地說：

「ＳＯＳＡＫＩ，已經退房離開了。」

我大失所望。這下，連豪華晚餐的美夢都破滅了。但是媽媽信上說他們在德黑蘭會停留到明天，是媽媽聽錯日期了嗎？如果不是，很可能搬到近郊的某個飯店。不管怎樣，櫃檯應該有登記他從哪裡來又去哪裡的紀錄欄。我要求看一下紀錄，櫃檯職員大概看我可憐，爽快地答應。我看到他手指的地方，是個像日本人寫的整齊羅馬拼音文字。可是，那上面寫的不是「SASAKI（佐佐木）」嗎？

「ＳＯＳＡＫＩ？」我不覺語氣強硬地問。

他有點驚訝地回答：「是的，ＳＯＳＡＫＩ。」

我先前聽他說ＳＯＳＡＫＩ，還以為是他不會發ＩＳＯＺＡＫＩ的音，原來他要說的是ＳＯＳＡＫＩ。

我大老遠走到這裡，真是損失太大。我雖然失望，但緊接著想到磯崎夫妻可能住在別家飯店而高興。我打起精神，想再試試。

但是該怎麼進行呢？想了半天沒有好主意。愣在那裡也不是辦法。

走出Commodore飯店，閒逛一陣，看到日本航空分公司的招牌。我衝進去，要求看德黑蘭的觀光飯店名單。我先一一寫在紙上，然後請教他們日本人可能住的有哪些。日籍男職員雖嫌麻煩，還是一個一個幫我打上記號。

希爾頓、統領、巴納克、羅達磯、阿姆斯壯、鑽石、美琪、沙漠隊商、吉瓦……。

我拿著名單奔到公共電話旁，按順序打到有記號的飯店。可是都沒有結果。這時我決定豁出去，按照名單從上到下一家家打去，沒打到第一百家我絕不死心。我鼓勵自己，並準備了一大把硬幣。

我看著名單上第一家的喜來登飯店。真的不抱什麼希望，問接電話的櫃檯人員是否有姓ＩＳＯＺＡＫＩ的日本人住在這裡，他非常乾脆地說：

「ＩＳＯＺＡＫＩ啊，剛剛回來。」

不會吧！我原先準備打他個一百家的，沒想到第一家就這樣輕鬆找到，實在難以相信。不會又搞錯了吧！我不敢有太多期待，慢慢地說「Ｉ、ＳＯ、ＺＡ、ＫＩ真的回來了嗎？」櫃檯人說是。我半信半疑，要他請磯崎先生聽電話。一分鐘後，電話那頭傳來懷念的聲音。

「Hello!」

「Mosi, Mosi!」

我用日語回應，對方趕緊轉成日語

「啊，Mosi, Mosi!」

是磯崎先生的聲音沒錯。他說去參觀伊朗南部的古都伊斯法罕（Isfahan）和設拉子（Shiraz），剛剛才搭機回來，今晚就住在這家飯店。我聽了，聯想到我期待的那一頓大餐，不自覺先很勢利地說：「我得救了！」

安心瞬間，才想到應該有的禮數。

「夫人還好嗎？」

他鄉與知音重逢

我和磯崎夫妻約好六點鐘在喜來登飯店大廳見面。平常不太守時的我這回提早二十多分鐘抵達，坐在大廳沙發上等他們。大廳裡不只是歐美觀光人士，也有屬於伊朗上流階層的家族穿著華麗的服飾走動，身穿微髒牛仔褲的我有點侷促不安。

他們夫妻遲了約五分鐘下來。面帶微笑走過來的磯崎夫人凝視我的臉一陣子，快人快語地說：「今晚要努力加餐哦！」

雖然我正是為此而來，但對自己竟然這樣一副明顯營養不良的樣子還是有些震撼。

我們走進一樓的豪華餐廳，就座後才好好寒暄。直到午夜零時以前，談話一直很起勁，但每隔五分鐘，夫人就像想起來似的重複說：「來！多吃點！」

菜色非常豪華。

從我踏入中近東以來第一次吃到的生菜沙拉、真正的清燉雞湯、法式炸裹海鱘魚、真正的牛排到蛋糕、冰淇淋、咖啡，我拚命地吃。

認識磯崎先生是在三年前。某天，有個朋友問我想不想去夏威夷。工作內容是去一個星期，每天和某位建築家閒聊兩三個小時。總之，就是丟球給那個建築家，讓他擊球回應。這樣奢侈的點子是那位設計東京中央區音樂廳的人物，為了在現代文化設施上追尋某種建築理念而想出來的。我不知道為什麼選上我，但當時的我不知天高地厚，輕快地接受。雖然還裝腔作勢說夏威夷不怎麼樣，其實很想去看一看。而那位建築家就是磯崎先生。

那時，我絲毫不知道磯崎先生是個不斷發表驚人設計成果的中堅建築家，備受年輕建築家仰慕，也帶給其他文化領域人士相當影響。到了夏威夷後，在飯店的房間裡，每天下午的兩三個小時閒聊中，我在有如兄長般的磯崎先生面前說東說西，磯崎先生總是很感興趣地聽著我大放厥詞。

那段期間，磯崎先生也在夏威夷大學集中講課，他的夫人、雕刻家宮脇愛子同行。下午閒聊後大家一起去吃飯，夫人很細心地教英語差勁的我怎麼搭計程車、在大飯店怎麼點菜。

我教他們夫妻的，是帶他們去設在飯店後面停車場的遊樂中心，教他們怎麼打彈珠檯和足球遊戲，磯崎先生尤其熱中，每天晚上都要去玩。

夏威夷的一個星期極其愉快。不只是我感覺這樣，回日本以後我們還維持著見面吃飯的關係。在這次出遊前，他們也特地在中國餐館為我餞行。

這頓喜來登大餐比過去任何一餐都要豪華，更高興的是可以寬心地說日本話。

磯崎夫妻是應某位企業經營者之邀而參加這趟絲路之旅。這是一團以中高年齡人士為主的豪華之旅，雖然也是從巴基斯坦從陸路進入伊朗，但和我的差別可大了。他們租輛迷你巴士仔細參觀過犍陀羅遺跡，也去過我沒去的馬薩里沙里夫（Mazar-i-Sharif，位於阿富汗北部，由於發現先知穆罕默德之婿阿里之墓而得名〔字義為「聖人之墓」〕——譯注）。

身為建築家的磯崎先生在這趟旅遊中，想看或是想思考的東西，和造像有關。亦即，為何只有伊斯蘭教徒拒絕基督教國家和佛教國家都需要的神、佛造像呢？是因為沒有這些才形成伊斯蘭教如今的面貌嗎？他很想探究一下這種拒絕偶像崇拜的精神，以及沒有偶像的建築文化嗎？

磯崎先生那晚的談話中，我最感興趣的是他們去馬薩里沙里夫那一段。從馬薩里沙里夫再深入，能住的地方就只有游牧民族的蒙古包了。

清晨，在天未透亮的寒凍中，突然聽到可蘭經從清真寺的方位朗朗傳來。緊接著，蒙古包周圍的所有動物開始發出聲音。狗、鳥、驢子、駱駝……，配合著可蘭經的誦禱聲叫著。

「那時，我彷彿真正明白了人不過是動物之一的道理了。」磯崎先生說。

我似乎也感應到磯崎先生當時的感動。

夫人很喜歡伊斯法罕之行。談到那時的經過，她笑著說：「那裡的小孩非常可愛。那麼小的小孩竟然會問我『What are you go』。」

我跟著笑了，同時覺得那小孩的英語能力和我相差無多。不是吹牛，如果能說出「What are you go」程度的英語，已經可以暢通無阻了。

由於談得愉快，一眨眼就到了餐廳打烊的時間，我們轉移陣地到酒吧，但很快也被送出門。他們明天早上就要離開德黑蘭，雖然有點依依不捨，但還是向夫人拿了幾個到某地後要去拜訪的地址然後告辭。

酒吧裡喝的伏特加讓我心情大好，催著計程車趕回阿米卡碧旅館，不到十分鐘就有強烈的便意，匆匆奔進廁所。真是煞風景，久未習慣盛餐衝擊的胃似乎發生了恐慌。

2

我漫步德黑蘭街上。偶爾坐坐巴士，但大部分是走路。連續幾天東鑽西繞的結果是，德黑蘭是比我想像還大的都市。在我經過的都市中屬於最大規模之一。

德黑蘭很大，這在我坐嬉皮巴士從山丘上俯瞰城市燈火，或是尋找磯崎夫妻下榻的飯店時已經知道了。但如果只是單純的空間之大和人口眾多，德黑蘭不會讓我有這樣強烈的都會感覺。曼谷、加爾各答、德里等都不是小都市。德黑蘭不只是面積大，而且具有都會的獨特風貌。至少，是最接近我感覺中的都會；不，或許說她就是都會本身更恰當。

柏油路上都是汽車。大街兩旁的人行道上美麗的法國梧桐樹葉在風中飄落。臨街的建築都是玻璃櫥窗的鋼骨結構現代建築。

十字路口有家三明治店，我在店裡喝啤酒。三明治是把橄欖形麵包切半，稍微挖空中間塞進香腸，比較像熱狗麵包，配啤酒很對味。

我吃著三明治配啤酒，茫然望著大馬路，眼前突然發生一起汽車擦撞事故，兩個司機下車吵架。沒多久，周圍就圍起人牆，看熱鬧的人在事故解決以前一直圍著不走。這種吵架方式好像是德黑蘭特產，街上到處可以看見有點年紀的人大聲叫囂。爭執多半起於粗魯的駕駛導致的擦撞意外。

德黑蘭讓我印象最深刻的不是現代大廈和汽車之多，而是公共電話亭。人行道上隨處可見玻璃小屋似的電話亭，我看到年輕人在裡面拿著聽筒的樣子，感到意外的衝擊。

以前經過的城市，我幾乎沒注意到公共電話亭的存在——應該是我沒看到。當然也完全沒有電話亭無處不在、行人輕鬆自若打電話的畫面。一般來說，公共電話成為必要，需以電話普及為前提，這一點也意味著都市已經相當現代化。在我看來，打公共電話的風貌是非常都會性的景觀。

我看到公共電話亭所受到的衝擊，不單純是強烈的都會感，而是看到電話亭中說說笑笑的年輕人瞬間，想到自己在這個都市裡沒有一個能那樣談話的對象，不由心下一緊。

中年藝人的悲哀

距離我住的阿米卡碧旅館十分鐘的路程處，是電影院、小劇場等聚集的繁華區一角。

那天，我和在別的國家時一樣，想看本地拍的電影，但一直找不到放映伊朗片的電影院。有一次看到一家電影院掛著畫上酷似日本男星高倉健的男人和波斯美人的大看板，我以為就是了，結果是部在伊朗拍攝外景的日本片〈GORGO13〉（一九七三年由佐籐純彌導演、高倉健主演的電影——譯注）。我有些心動，但還是沒看。我聽說伊朗的電影都要配音，聽高倉健說波斯語，我是敬謝不敏。

放棄看電影，就到講波斯語的相聲劇場看看。雖然完全聽不懂說些什麼，但比看波斯語配音的洋片有意思。我付了三十里爾，買到一張樓上的票，可以俯視樓下的座位。劇場內女人不少，但都戴著面紗。

節目已經開演，陸續表演魔術、肚皮舞，最後是舞台劇。我雖然聽不懂，但看得出來是溫馨喜劇。我茫然看著，感覺自己此刻好像身在日本淺草的小劇場裡。

回旅館的路上又碰上圍觀人群。好像不是吵架。我探頭窺望，原來是個筋骨結實的光頭男子裸著上身賣藝。

他簡單表演完猴戲後，開始用鐵鍊纏住自己的身體。粗粗的鐵鍊在身上纏繞三圈，準備用內力將鐵鍊掙斷。如果真能掙斷，那可真是驚人的力量。我也加入看熱鬧的人群。

不久，他準備完畢。

「呀！」

他使盡力氣，鐵鍊沒斷。那好像是預定好的情節。他向圍觀的人說些話，自己帶頭喊著，於是觀眾齊聲叫喊。那像是人名、也像是神名，說是祈禱不如說更像咒語。

「現在，我要借重*＊*的力量，大家一起來大聲請神吧！」

他說的好像是這樣。

不過，這個咒語不是對所有人都靈驗，神似乎也吝惜借助力量給這個悲哀的中年人。

「＊＊＊！」

眾人合誦後，他再度凝聚全身的力量。

「呀！」

但是，鐵鍊文風不動。

這第二次的失敗也是表演的一部分嗎？看來好像不是，他已不像前次失敗時那樣從容不迫。他要求觀眾再一次合誦咒語。

「＊＊＊！」

他受到觀眾聲音激勵般凝聚全身力氣。

「呀！」

但是鐵鍊只是深深嵌入他的手臂，絲毫沒有輕輕使力鐵鍊就應聲而斷的奇蹟要發生的樣子。他無奈之下，只好先解開鎖鏈，重新空些間隔以容易掙斷。

他或許曾經是「健力中心」裡前途有望的年輕人。「健力中心」是伊朗古來的健身道場。伊朗和柔道的日本、桑勃式摔角（Cambo）的蘇聯在國際間並稱摔角王國，「健力中心」也有古老的傳統。伊朗有力士資質的年輕人都在這裡鍛鍊體力。

但是，這個在阿米卡碧大街上想要掙斷鐵鍊的中年人，在秋天的黃昏中流著近似冷汗的汗水繼續奮鬥。

「呀！」

還是沒斷。

如果一次掙斷，肯定有人會懷疑鐵鍊動過手腳，但是這樣奮力還是不斷，倒讓人暗自為他祈禱好歹斷個一兩條吧！

數度失敗、又重新纏上鐵鍊後，終於有一根悶聲斷了，剩下的還是牢固沒斷，等到最後一條鐵鍊迸離他身體時，距離第一條斷掉已有十五分鐘多。

鐵鍊一斷，人牆立刻潰散。我以為他還要接著賣藥，但是他就這樣結束表演。以蠻力為噱頭的技藝太過簡陋，不過觀眾還是零星丟下幾枚硬幣。他腳步沉重地撿起散落的硬幣，背影滲出濃濃中年人的疲勞困頓。如果單靠這項技藝謀生，他往後的人生肯定相當嚴酷。

天這就黑了。

人們急步回家，天空掛著一顆明亮的星星。那時，我無端湧起一股奇異的感觸。眼裡浮現東京新宿的小巷轉角，湧起想要繞過那個轉角的慾望。對我來說，新宿和那個轉角都不是特別有意義的地方。我自己也知道這是沒有道理的慾望。見過磯崎夫妻後，我好像起了奇妙的思鄉心。

閒晃到第五天，吸足了都市的味道後，覺得在德黑蘭已經住夠了。單純地說，我已經膩了。主要是這裡的市集很無聊。被喻為中近東規模最大的德黑蘭市集，竟然欠缺吸引我這個旅人的魅力。

市集確實規模巨大。走在拱形天篷下密如蛛網的通道，兩旁是無數的店鋪。布店、鞋店、五金店、雜貨店、地毯店、古董店。最惹眼的是貴金屬店。光線陰暗的市集裡大白天都開著光線柔和的燈泡，珠寶和黃金飾品排在櫥窗裡。伊朗的加工金飾和土耳其玉非常出名，那些戒指、項鍊、手鐲襯著黑、藍、紅色的天鵝絨布，散發美麗耀眼的光彩。

但是像我這種沒有閒錢的旅人，顯然和土耳其玉戒指及黃金胸針無緣，店家看到我也只是冷冷一瞥，招呼都懶得打。乾貨店頭的香辛料味道瀰漫全市場，置身其中五分鐘，味道都滲進衣服裡。但僅此而已。德黑蘭的市集沒有市場趣味，或許是因為波斯人生性冷淡以及不賣生鮮物品之故。

我想離開德黑蘭。

德黑蘭往西的路有兩條。一是直接西進，入境土耳其到艾茲倫（Erzurum）；另一條是南下，從設拉子到波斯灣岸再渡海到科威特，到了科威特之後，再橫越阿拉伯半島到黎巴嫩轉往土耳其。不論走哪一條，都會和從安卡拉（Ankara）到伊斯坦堡（Istanbul）的路會合，但過程相當不同。直接走土耳其這條路線是沒問題，但科威特路線卻有簽證的問題。德黑蘭的科威特大使館無法在短時間內發給簽證，其他國家好像也不是那麼容易就給簽證。但是，我想橫越阿拉伯半島，我想看看沙漠。

我不是不曾到過沙漠，但那些地方都是名為沙漠，其實只是岩石滾轉、長著駱駝草的沙礫荒地。阿拉伯半島的沙漠在本質上就和那些沙漠不同，而是像大衛連導演的《阿拉伯的勞倫斯》裡所呈現的黃沙滾滾、炎陽搖晃、吞噬行人步履般極具魔性的沙海。

猶豫多日後，一天晚上，我決定就去波斯灣岸看看。我聽說阿巴丹（Abadan）的科威特領事館可能會給簽證。我想，就算拿不到簽證，反正本來就寄望不大，順便去設拉子觀光也好。

3

晚上八點，我坐上開往設拉子的觀光巴士。深夜坐車去陌生的地方很蠢，可是，能省下一夜的旅館錢比看風景重要。

觀光巴士公司的規模中等，使用的車子比我想像的好。光是外觀就和之前在印度、巴基斯坦、阿富汗坐過的巴士大不相同，車子裡面，不但座位都是對號的，而且是可調節式的活動座椅，駕駛座斜上方還有一台小型電視。

以前坐過的巴士除了司機外，常有一個幫忙處理客人行李的行李工。幫忙把行李塞進車腹的行李廂和車頂上。五十個乘客攜帶的大量行李，確實需要將行李扛上提下的行李工。

這輛觀光巴士則有一個專門服務乘客的隨車男孩。巴士開動以後，男孩捧著一個裝滿糖果的小盒子巡迴座席。伊朗乘客高興地從裡面拿出糖果。我窺看盒中，想著該選哪一種？兩種都不要還是都拿？好不容易下定決心把手伸進盒子裡。

不久，巴士在茶店停車。我還想著這時就休息未免太快了，只見男孩飛奔下車，搬上三箱可口可樂後車子又開動。

批進可樂在車上販賣，確實腦筋靈光。當然，我買不買要看價錢。但是，男孩開始分給每位乘客一瓶可樂。我接過英文和波斯文兩種文字寫著「可口可樂」的保齡球型瓶子，心想這種服務水準，車票要價三百里爾絕不算貴。

我聽說中近東凡事都要討價還價，伊朗也不例外。物價、旅館費用無一不需講價。不習慣的人覺得麻煩，但只要有花點時間的心理準備，那也頗有樂趣。

巴士票價也一樣。我買這張往設拉子的車票時也耐著性子討價還價。巴士公司的人要價三百三十里爾。我照例纏著他殺價，價錢就是談不攏。我又是威脅又是大聲嚷嚷，假裝要坐別家巴士，可是那天好像乘客特別多，巴士公司的人堅持不讓。不得已，終於以三百里爾成交。

乘客喝過可樂、旅途的興奮稍微平靜時，男孩打開電視。是黑白的，但色澤鮮明。放映的是美國的電視影集。男主角是坐著輪椅的發福中年人，我想應該就是《輪椅神探》。在這波斯平原的正中央邂逅輪椅神探，頗有意思，我專心看了一會兒，因為是波斯語配音，幾乎聽不懂，看到一半只好放棄。

車上的服務不只糖果、可樂和電視。乘客說渴時，男孩就從冰箱的水壺裡倒水給乘客喝，乘客說冷說熱時，他也要去轉告司機調節車內溫度。他年紀約莫十七、八歲，一臉聰明伶俐。他雖然沒穿制服，服裝還有點邋遢，但是服務的專業程度不輸飛機上的空中小姐。或許，對伊朗乘客而言，這種長途巴士有著和飛機相同的意義。這麼想後，這一切服務都能了然於心。乘客的興奮不只是要出門長旅，也有著能坐上這種交通工具的滿足。

我原來還怕夜裡會冷而準備好睡袋，但車內溫暖得不需要睡袋。不知是開暖氣，還是南下後氣溫變高，我在不知不覺中舒服地睡著了。

突然一道冷空氣流過，我倏地驚醒。

天亮了。巴士停在茶店前。手錶指著六點，吃早飯還太早了些。男孩又在搬東西上車，這回是柳橙汁。六點半左右，他看乘客都醒來後，把果汁連同餅乾一起分給乘客。伊朗的巴士真是服務周到啊！

窗外是一望無盡不見綠意的山地和不長綠草的平原。巴士以相當快的速度奔馳在這條路上。

不久，從山丘上可以望見有綠意的城鎮。那是設拉子，距離德黑蘭十五個小時的車程，按照預定時刻在上午十一點到達。

大通鋪的奇怪旅人

每到一個城鎮，我最先要做的是找尋便宜舒服的旅館。在設拉子也一樣。這對我來說已是例行事項。平常能省一毛就省一毛、不辭辛勞地跑好幾家旅館比價的我，畢竟連續坐了十五個小時的汽車，真的很想趕快放下背上的旅行背包。於是，決定只問一家就好。我朝著直覺是廉價旅館街的方向走去，果然很快就找到。我選定其中一家，進去一看，直覺果然準確，找到一晚七十里爾、看來頗舒適的大通鋪。

這個房間和其他旅館的大通鋪一樣，排著好幾張床，但是陽光透過玻璃窗，照滿整個房間，和我過去住過的陰暗潮濕的大通鋪不同，簡直像溫室般明亮。

不只如此。旅館還有共用浴室，並供應熱水。一般嬉皮旅館洗澡要收水費，這裡卻完全免費。

光是這點就讓我興高采烈。這種些微的喜悅或許就是我持續這種省錢旅行的原動力。

我立刻淋浴以沖掉所有的長旅積塵。寬敞的浴室裡只有我一個人，那裡也沐浴著明亮的陽光，窗玻璃對面可以望見清真寺的藍色屋頂。沉浸在暌違許久的溫泉感覺中，我一直沖著熱水。

房間裡只有一個先到之客。金髮的年輕白人。我剛進房間以及去淋浴時，他都一直躺在床上不動。我以為他也是長旅疲累而沉沉入睡，但洗完澡回來，收拾盥洗用具時，突然聽到痛苦的咳嗽聲。回頭一看，他正睜著眼睛看著我。

「呀！」

我輕聲招呼，他沒回應。是沒聽到？還是不想回應？不管怎樣，他看起來很虛弱。我也累了，打算黃昏以前小睡一下，但又想到他可能希望獨自待在房間裡，於是走出房間。

對伊朗人來說，設拉子是詩歌與玫瑰的美麗古都。不只伊朗人這麼說，二十一歲在此踏上他前後歷時五十年之久亞洲之旅第一步的斯文・赫定（Sven Hedin，一八六五—一九五二，瑞典探險家，曾多次穿越亞洲中部探險，在考古和地理方面有重大發現——譯注）也確實寫過，「設拉子無疑是波斯最美麗的城市」。但我只覺得這是個沒什麼特別的平凡城市，只覺得這城市有的只是南國罕見的清澄空氣和蔚藍天空。

我沒有地方要去，於是先到市集瞧瞧。但是，古都設拉子的市集讓我失望。通道的頂蓋上開有採光的洞，就靠那自然採光的微暗光線，市集氣氛雖然饒富情趣，但商店毫無魅力。

街上幾乎看不到觀光客的影子。不只是觀光客，連行人都少。在午後強烈的陽光下，街上的空氣也像市集內的空氣般慵懶沉澱。

受到清真寺屋頂美麗的藍色吸引，我去參觀查拉庫沙聖廟（Shah Cheragh）。寺頂的馬賽克磁磚雖然美麗，但因為正在整建，建築全體都罩著鷹架，外觀顯得雜亂。

我在成為兒童遊樂場的廟前廣場閒晃時，有兩個四、五歲大的小兄妹靠過來。我向他們微笑，他們靦腆地笑著。如果是大一點的小孩，就可以想辦法用波斯語單字和他們溝通意思，但是他們太小了，彼此只能交換笑容。我知道他們對我很感興趣，他們也了解我沒惡意。

那時，我想起小背袋裡有裝了底片的照相機。我坐在水泥地上，把相機對準他們時，他們露出又高興又害羞的笑容擺出立正的姿勢。按下快門後，他們的姿勢還是不動。我點點頭表示已經照好了，他們放鬆姿勢。就只這點小事，我卻感覺和他們之間有些微的暖意相通。面對再美麗的風景也提不起勁拍照而塞在背包裡徒染塵埃的照相機，總算盡到了它閒置多時的任務。

黃昏回到旅館，年輕白人依然躺在微暗的房間裡。他沒睡，睜著眼睛。

房間裡有大通鋪少見的桌椅擺設放在角落，我想在吃晚飯前寫封信。我拿出航空郵簡，飛快運著原子筆時，感覺他在我背後的視線，怎麼也無法專心。我放棄寫信。只有我們兩個人，不說話也悶，於是問他。

「哪裡來的？」

「倫敦。」他簡短地回答。

我又問：「接下來要去哪裡？」

「巴基斯坦。」

他大概不要繞道阿富汗，直接從這裡走波斯南路到札赫丹，直接入境巴基斯坦吧！和我走過的泛亞公路比起來，是條需要相當體力的路線。他那像是要把肺部咳出來的身體能順利撐過國境嗎？但是他沒有反問我，談話也就無法繼續下去而中斷。又是一陣沉默。我受不了，突然不經深思就冒出腦中想到的話。

「可以交換地址嗎？」

他冷冷地看著我說：「我們才剛見面，還不到交換地址的親密程度。」

他說的沒錯。

我會脫口而出這種無聊建議，是因為住大通鋪的人都有交換地址的習慣。雖然明知道彼此不會互訪，但覺得這樣做可以祛除心牆、多少感覺親近些。就算那是錯覺，也是在大通鋪裡一起生活所需的錯覺。他說我們的交情不到交換地址的程度，的確沒錯。要和剛見面的人交換地址確實是過於輕浮的行為。被他這麼一說後，我覺得不好意思，雖然時候還早，但為了吃晚餐，再度走出房間。

經過櫃檯時和老闆打個照面。我問起阿拉伯各國的簽證問題，問他能否在阿巴丹取得科威特或伊拉克的簽證？有那些國家可以落地簽證？老闆說他也不清楚，但是認識有關這些業務的公務員，打聽以後再告訴我。這樣也好，或許我可以省卻白跑一趟阿巴丹的麻煩。

我說要去吃飯，想起同房的客人，隨口問道：「他是不是病了？」

「好像，已經躺一個星期了，房間錢雖然照付，但幾乎沒怎麼吃。」老闆困擾地說。

設拉子的市區有清楚的區隔。市集周邊是下層市民活動的區域，有炒肉、煮豆、燒烤和紅茶等路邊攤，人們就坐在路邊大快朵頤。上層市民的活動區域則是櫥窗光彩耀眼的商店和電影院林立，也有餐廳和西點店。我望著西裝店裡的貨色，價位高得讓我好奇伊朗人真的會買這種價錢的東西嗎？

我閒逛一會兒，在市集附近吃了烤肉、酥餅和紅茶後，回去時買了半公斤葡萄。

回到房間，把葡萄遞給躺在床上的年輕人，他陰暗的眼睛凝視著我，口氣強硬地說他不要。我熱心地勸他吃，但他怎麼也不肯接受。但是他並沒吃過晚餐的樣子，我逕自把那包葡萄放在他枕邊，鑽到自己床上。他為什麼不吃呢？我不知道他拒絕的理由。但彷彿可以了解他藉著拒絕別人的同情來武裝身心俱危的自己。

翌晨起來，他枕邊的葡萄已經不見。和我視線相對時，他靦腆地說謝謝。

幸運換得日文書

那天也是閒逛設拉子的寺院廟宇度過。我去伊朗最有名的詩人薩迪（Saadi，一一八四？——一二九二，波斯詩人。著名作品有哲理性敘事詩《果園》和用韻文寫成的《薔薇園》，作品對後世有深遠的影響——譯注）埋骨的薩迪廟（Tomb of Saadi），逛過古老的新清真寺（Masjed-e Now），又到查拉庫沙廟去。廟前一樣雜亂，但看到小孩奔跑的身影就感覺溫緩舒暢。

坐在清真寺前的日蔭處，看到一位東方旅人，很像是日本人。在這個城鎮遇到日本旅人令我意外，毫無顧忌地望著他。從服裝看來不是嬉皮，年齡也不算年輕。我凝視他，他主動問我。

「日本人嗎？」

我點頭。交談中知道，他辭掉任職十年的學校，進行預定三個月的旅行。走空路往歐洲途中，在曼谷、孟買、德黑蘭下機，巡迴參觀名勝古蹟。他昨天去看過波塞波利斯

（Persepolis，波斯阿契美尼德王朝統治者的宮殿和墓葬遺址——譯注），因此今天要回德黑蘭，直接轉往雅典。

他不嫌麻煩地將雖然是幾個星期前，但對我來說仍是新鮮事的日本消息告訴我。自民黨的內部紛爭、職業棒球的排名、歌謠曲的熱門排行、暢銷書排行榜……。

「對啦，我們可以交換書籍嗎？」

我突然提議，他不明所以地歪著頭，「交換？」

遠遊在外，最懷念的就是日文。至少對我來說，鉛字比食物、語言都讓我懷念。於是常把旅途中不知跟誰拿來看過的舊書和另一個擦肩而過的日本人交換他已看完不要的書，多半是推理小說和武俠小說。只要是換到新書的日子，我都能在公園樹蔭下或茶店角落度過愉快的一天。不過，在德黑蘭換到山本周五郎的《尊武》（Sabu）時，只看了第一頁就差點掉淚，真不好意思。

換來的書又換成別的。其中有些書經過好多人的手，封面已經泛黑。那些書或許是往來東西之間的日本人眾手相傳，在這條絲路上來來去去。

如果有不要的書，可以和我交換嗎？我稍微說明後，他爽快地答應。他列舉了幾本書名，我選擇《波斯傳說集》。他說這本書是怕旅遊伊朗時常識不夠而帶來的，但幾乎沒看。我也列舉出我不要的書名，他說他帶的書已經夠讀，我不必給他。

他住在占度街（Zand St.）的中級飯店裡。我在大廳等候，他去房間拿書給我。

我謝過他，告別後，想著接下來做什麼呢？

「也去波塞波利斯看看嗎？」

我嘀咕著，買了牛奶、麵包和兩個蘋果，坐上開往波塞波利斯的巴士。車行約一個小時，就看到遼闊的平原和西部片裡出現的紅色斷崖絕壁。斷崖前的平地上是當年大流士王下令動工興建的大宮殿遺跡。

波塞波利斯只剩下建築的地基和高聳入天空的巨大石柱，猶如廢墟。柱頭的雕刻和牆上的浮雕雖然精美，但是突兀佇立在大平原上的這座石頭古城和周圍的風景格格不入，讓人感覺像是搭建精美的西部片布景。

天空藍得可怕，陽光強得痛人。吸足兩千五百年份陽光的巨大石堆冒起讓人頭暈的熱氣。

我被那遼闊的空間和悠久的時間感動，但真正令我覺得有趣的是正在修復遺跡浮雕的石匠。感覺活人比廢墟有意思得多。

傍晚回到設拉子，吃過類似在巴基斯坦吃到的炒肉後回旅館。我又買了半公斤葡萄，交給同房的人，這回他坦然說聲謝謝，吃將起來。

棄同房旅客而去

翌晨，我問旅館老闆簽證的事情怎麼樣，他說還是不行。科威特的簽證在阿巴丹也不容易拿，可能要耗上幾天。科威特也沒有落地簽證，要去必須有心理準備。何況，伊朗和伊拉克的國境目前是關閉的。

我在查拉庫沙廟裡想了很久，是抱著可能白跑一趟的心理準備去波斯灣岸，還是就在這裡打道回德黑蘭，直接去艾茲倫？

那天也是在茶店喝茶，閒閒地看著剛要來的《波斯傳說集》。吃完晚飯回去，照例把葡萄遞給同房的年輕人時，他開口問：

「你去哪裡？」

「……」

突如其來的問話令我無法回答，他補充說：「離開這裡後。」

在那一瞬間之前，我是真的不知何去何從，但他這麼一問，我突然下定決心。

「從伊斯法罕回德黑蘭。」

「什麼時候？」

「大概明天吧！」

「是嗎……」他沉默半晌，然後露出不好意思的笑臉說：「要交換地址嗎？」

我想說不必因為我請你吃葡萄就勉強這麼做，但他已從枕邊的小袋子裡拿出原子筆在紙片上寫著，我也只好照做。接過紙片一看，上面寫著他的姓名、倫敦地址以及電話號碼。

第二天，我去買前往伊斯法罕的車票，結果白天的車票已銷售一空，只剩晚上的位子。來回都看不到沿途風景是有點遺憾，但留在這裡也不是辦法。只好買了夜車車票。

傍晚，從街上回來，在房間裡收拾行李，倫敦的年輕人對我說：

「要走了嗎？」

「嗯。」

我回答後，他像是自言自語。

「想一起去耶……」

瞬間，我以為聽錯了。但是他又重複一遍。

「好想去伊斯法罕啊……」

可是我假裝沒聽到，收好行李，走出房間。在門邊回頭，說聲再見、後會有期後，他露出無依的微笑說再見。

我坐在開往伊斯法罕的夜行巴士上，心情漸漸沉重。我是不是拋棄了他？他雖然向我求救，我卻視若無睹地棄他而去。

不，沒這回事。他不過是個萍水相逢的旅人。我寧可這麼想，但是他無助的表情閃過我眼前，心口一陣揪痛。很明顯地他想依靠我，我明明知道卻默默離開。既然要棄他而去，一開始什麼都不做豈不更好。這麼想的瞬間，我彷彿覺得自己有一天也會像他一樣遭到人們疏離，因而心情更加沉重。

4

伊斯法罕是充滿寧靜之美的古都。

日本人稱它是「伊朗的京都」。但是這個比喻對偉大的大流士王後裔或許失禮。伊斯法罕曾經被喻為「世界之半」，擁有一百六十二座清真寺、一千八百零二間行商旅館、二百七十三處浴場，是廣納西亞之富的雄偉都城。現在已經很難想像往昔盛況，但是全球最美的清真寺之一的國王清真寺（Masjed-e Shah），直到今天還雄辯地傳達著薩非王朝（Safavids，奠定現代伊朗國家基礎的一個波斯王朝〔一五〇一——一七三六〕，以什葉派教義為國教，藝術繁盛——譯注）的英明國王阿巴斯沙（Shah Abbas）的威勢。

下午八點由設拉子出發的巴士在清晨四點半抵達伊斯法罕。乘客循著天色猶暗的夜路各自散去。我無處可去，暫時在巴士站旁通宵營業的茶店喝杯熱紅茶。茶店開著收音機，波斯語的ＤＪ饒舌不停。日本也有針對卡車和計程車司機等聽眾深夜播放的流行歌曲，但ＤＪ多是女性。

此刻去找旅館還太早。夜還沒盡，巴士乘客散去後，街上已無人蹤。我想去「國王廣場（Meidane Imam）」。因為想看看黎明晨光中的國王清真寺。

巴士站距離市中心頗遠，走了三十分鐘還沒到國王廣場。正當我身累腳軟、心想廣場和清真寺不看也罷時，突然在一片住宅屋頂上方看到清真寺的藍色圓頂。

廣場空蕩蕩的，只有兩個老人在清掃。我在廣場中央坐下，眺望國王清真寺在逐漸增添亮度的晨光中閃耀生輝。那圓頂不是單純的藍色，而是好幾種鮮豔的藍色磁磚拼成，整體散發著像是沙漠寒氣的清冷氣氛。

國王清真寺附近有羅德菲拉清真寺（Masjed-e Sheikh Lotfollah），又稱「星期五清真寺」，如果國王清真寺表現的是男性的尖銳、冷酷和強悍，那麼這座清真寺圓頂的暖綠色調與柔和的曲線就是女性的象徵。看著看著，感覺心也漸漸融化了。

我望著圓頂的幾何紋飾，不知不覺睡著。等感到冷意而睜開眼，陽光不僅照在圓頂上，也照進廣場。我看看錶，七點鐘。該去找旅館了。

世紀拳王爭霸賽

我拿著在德黑蘭弄到的地圖，看準可能有廉價旅館的區域走去。但這是一張不能信賴的缺陷地圖，怎麼走也走不到目的地。我詛咒背包的沉重和製作地圖者的草率，看到街邊一家店鋪前擠了一堆人。起初我以為是麵包店，大家排隊想買剛出爐的麵包吧！但仔細再看，那並不是麵包店，而是電器行。上學途中的少年群集在店門口看電視。

伊朗也是這麼早就播映電視節目嗎？我覺得意外，逕自走過，但經過瞬間，腦筋霎時閃過「不會吧！」我折返店前，越過小孩的頭頂一看，果然是！

櫥窗裡的電視機相當老舊，不只映像模糊，畫面還切割成兩半，更可怕的是上下相反。

但畫面裡的人無疑是阿里和福爾曼。波斯少年專心凝視的螢光幕上，是正進行拳賽的穆罕默德．阿里和喬治．福爾曼。那是在非洲薩伊（Zaire）舉行的「世紀拳王爭霸戰」現場轉播。我自己在旅行期間完全忘記這件事，不過在薩伊的金夏沙（Kinshasa）清晨開始的這場拳賽仍同步轉播到伊朗，在兒童上學時間播出。

比賽已經開始。不知道進行到了第幾回合，戰況又是如何？我也混在少年群中觀看。

上半身和下半身相反的螢幕畫面上，福爾曼連續重擊阿里，殘忍得像捶打沙袋。

福爾曼的左刺拳迅速捶擊阿里的臉。阿里拚命遮擋，但連續幾拳中總會挨中一拳。每次中拳，阿里的身體就一陣搖晃，立刻退到角落。接著阿里抱住福爾曼的頭，揪扭在一起。福爾曼就以那個姿勢面無表情地繼續擊打阿里的身體。兩人一分開，福爾曼的左拳又擊出。這一回合結束之際，阿里試著反擊，但鐘聲立即響起。

下一回合也是福爾曼單方面的快進擊。福爾曼擊打，阿里揪扭，然後是福爾曼連續擊打阿里身體。拳賽模式似已定型。阿里不過是個只能揪扭對手的沙袋。

（阿里也老了……）

我不知不覺把在德黑蘭街邊那個掙斷鐵鍊的賣藝人和電視裡的阿里影像重疊在一起。像那怎麼誦禱咒語也掙不斷鐵鍊的賣藝人一樣，阿里也老得靈巧不起來了。

福爾曼的動作也說不上敏捷，但在場中確實壓制住阿里。根本沒有場中央的對打，阿里總是靠著繩子。少年們屏息靜觀，每一回合結束時才稍稍鬆一口氣。

我看過一次福爾曼的拳賽。對手喬・金恩・羅曼從比賽開始前就作勢威脅恫嚇，福爾曼只是揮擊那像鐵鎚的手臂。他每次掄拳時，坐在樓上觀眾席的我都彷彿聽到「繃——」的聲音。才一個回合，福爾曼就把羅曼打個半死。

阿里也會像那時的羅曼一樣悽慘地趴在地板上嗎？

福爾曼又把阿里逼到繩邊。右、左、右、左。就在那時，福爾曼的左勾拳撲個空、掠過阿里的耳朵瞬間，阿里的右拳擊中福爾曼的臉，福爾曼的身體稍微搖晃。阿里又一記右拳出手。擊中！又一記右拳擊中！右拳之後又是左拳。福爾曼一臉不相信的表情呆立著。阿里擊出最後一記右拳，福爾曼的巨大身軀撲倒在地。福爾曼倒下了！而且直接倒數計時。

阿里勝利瞬間，像被釘在電視機前的波斯少年們都手指著天齊聲大喊：「阿里，阿里！」

他們的聲音充滿驕傲。那時我才知道，對伊斯蘭教國家的兒童來說，阿里的存在是有多麼大的意義啊！我親眼目睹阿里奇蹟似的反敗為勝，也想和他們一起為阿里歡呼。阿里確實老了。但是他不允許自己就那樣老去，而且要迎頭痛擊衰老。真的是這樣嗎？我低聲呢喃，和歡呼阿里奔往學校的少年一起離開店前。

沒走多遠，看到有間叫「謝拉莎德」（Shahrazad，《一千零一夜》中，說故事給國王聽的宰相長女——譯注）的旅館，我雖然無意住上一千零一夜，但對出來應客的少年的勇氣表示敬意，就住在剛好空出來的單人房裡。

少年帶我到一個骯髒狹窄的房間，我從早上十點睡到傍晚六點。終於睜開眼，看看時間，雖然知道必須去吃晚飯，但又翻身睡著。睡了又睡還是睡。是自己都未查覺的疲勞積存在體內深處嗎？我繼續陷入地底深處般的沉沉睡眠。

伊斯法罕滿是老人。至少，我眼中所見盡是老人。在這古都裡，到處坐著像存活了數百年般皺紋深深刻入體內的老人。

賣葡萄的老人坐在樹蔭下，茫然望著過往的年輕人。年老的代書在郵局前擺張小木桌，閉目養神的時候多，難得有顧客上門，來的也是老人。在「國王清真寺」裡，拄著楞杖的老人像停在電線上的麻雀排成一列坐在石階上，什麼事也不做，只是坐著。

5

討價還價

市集裡看店的也多是老人。

起初我意興闌珊地逛著，一家鐘錶店引起我強烈的興趣。玻璃櫥窗裡新型手錶和古董懷錶混在一起。錶面的數字不只是阿拉伯字和埃及字，也有波斯字。

我再往前走，看到一家店面比其他都小、店內微暗的鐘錶店。看店的也是老人。我窺看玻璃櫥窗裡，有一只錶面波斯數字周圍鑲著美麗花紋的小型懷錶。我用手勢示意希望能給我看看，看店老人卻像趕我走似的揮揮手。大概是嫌和言語不通的外國人講價麻煩吧！

我很了解他的心情，老實地離開。

到別的地方瀏覽一陣後，還是最喜歡先前那只懷錶。沒辦法，我決定再回那家錶店看看。同樣又指著那只懷錶，表示想看，老人迅速瞥我一眼，動作緩慢地打開玻璃櫃的鎖，拿出來給我看。我拿在手上，那錶的質感、錶面數字圖案之美，都沒話說，而且錶面是玻璃，內部構造一覽無遺。我問會走嗎？老人做出栓螺絲的動作。我照他說的轉動懷錶頭部的發條，隔著玻璃錶面，可以看到齒輪轉動著。

我十分滿意。非常想擁有它。上次在新加坡的阿拉伯街看到過一只喜歡的古董錶，卻因為擔心錢不夠用而放棄。現在的經濟狀況不但沒比那時好轉，反而更加惡化，但我就是想要。

「多少錢？」

我用波斯語問。老人模糊說個數字，我沒聽懂，於是把原子筆交到他手上示意他用寫的，他毫不遲疑地寫下。

「2000」

兩千里爾約九千日圓。絕不便宜。但想到這只是開始談的價錢時，覺得兩千里爾並不算貴。究竟是便宜還是貴，要看殺價的結果。我把目標定在一千里爾。伊朗的市集確實沒有定價，但從實際經驗得知，只要不讓對方看扁我是天真的觀光客，價錢就不會亂開。這個老人看來頗懂觀光客的，從這個國家的錶價判斷，四、五千日圓應該說得過去吧！

我用日語說「能便宜點嗎」，老人做出寫下來的動作。

「500」

我一寫完，老人像懶得理我似的搖搖頭，食指敲著紙上的兩千數字。我堅持不讓。但他根本不理會我，最後又揮手要趕我走。我也生氣了，心想這就算了，奔出錶店。在波斯市集裡一動氣就是輸。我雖然非常清楚，還是忍不住。

第二天，我更加想要那只懷錶。我又走進那家錶店。老人投給我銳利的一瞥，像完全不記得昨天的事情般沒有任何表情。我又指著那只懷錶問價錢。老人又用波斯語說個數字。發音和昨天一樣。大概還是兩千里爾吧！為了小心起見，還是要他寫在紙上。

「2000」

果然是兩千里爾。我吃了苦頭仍然不知悔改，一邊說「再便宜點吧」，一邊在紙上寫著「500」。

接著，老人拿過我的原字筆寫上「1800」。

看來有討價還價的餘地了。

「600」

我一寫完，老人轉過臉去，不再理我。我莫名地高興起來。為了得到這只懷錶，再來幾天和這老人殺價都行。

翌日，我又去那錶店。又重複同樣的事。但是這天我寫下六百時他沒生氣，只是搖搖頭，拿過原子筆，「1500」。

一口氣降了五百。我忍住想笑的心情，又寫「700」。

老人什麼也沒說，拿過原字筆又寫了「1200」。

這下有得拚了。總之，我的目標設定在一千里爾。不能就此輕易妥協。

「800」

我寫完，老人突然生氣地把我趕出來。但那不是沒有做戲的味道。我感覺到談判正逼近高潮，索性先離開，下午又跑回去。拿出紙和原子筆，老人寫著「2000」。

上午不是才寫了「1200」嗎？爭辯無效。只好從頭開始殺價。討價還價半天，總算殺到一千二了。心想終於到這裡了，再加把勁吧！老人於是寫著「1100」。

我也寫下「800」。

老人好像知道我的底價似的。這是相當有趣的遊戲。以我的底價一千里爾為主，老人想抬高一點是一點，我則是能便宜一點是一點。

「1050」，老人寫著。

「850」，我間不容髮地寫下。

僵持一段時間後，老人終於屈服。

「1000」

於是我也寫著「900」。

老人搖頭。我當作沒看見，從口袋掏出九百里爾，放在玻璃櫃上。老人看著那錢，瞬間遲疑一下。機不可失，我把錢往前推。但是老人立刻恢復精明，口裡喊著回去、回去，揮著手。我於是慢慢收起錢，一出店門，老人立刻叫住我。我不敢錯過機會，回頭在紙上寫著「950」。

好像是在演戲，老人看了以後，無奈地點點頭。這場價格拉鋸戰看來是我贏了。

拿到手的懷錶真是越看越漂亮。從那華麗的錶面和形體之小來判斷，可能是女用懷錶。我在旅館的陰暗光線中懷著種種夢想打量它，感覺這錶就像波斯美人本身。雖然花去我好幾天的旅館錢，但覺得就算為它露天野宿也值得。

不過我又想用那種取巧方式強弄到這種藝品妥當嗎？我覺得很對老人不起。我明明打算出一千里爾的，還是趁勢多殺了五十里爾的價錢，頗覺愧疚。

翌日，我買了五十里爾的點心去那家錶店，一進店裡，老人警戒的眼神盯著我。我把紙袋遞給他說要請他吃，他露出狐疑的表情。這也難怪。市集有市集的不成文規定，貨物出門、概不退換。那件買賣已經結束。他大概無法理解我的感傷情緒吧！可能以為我是來抱怨的。當他知道我不是來訴苦或退貨後，才伸手拿點心吃。看那樣子，知道那個價錢對他來說還是有相當賺頭，我也放心了。

我一放心，突然想知道懷錶的真正價格。我也想測試一下波斯商人的商才如何。我說只是問問，絕對不會退貨，老人又和剛開始時一樣不理會我。並沒有因為我來來回回討價還價多次，又特地帶點心來請他吃而顯現絲毫親近的態度。我坐在店前，吃著點心，糾纏了半天，還是沒問出懷錶的原價。我抱著對波斯商人的敬意走出錶店。

老有老樣

那天，我又到國王清真寺乘涼。不管外面多熱，清真寺裡面總是不可思議的冷。老人們照樣坐在石板地上發愣幾十分鐘。我坐在角落裡，埋頭翻看在設拉子要來的《波斯傳說集》。看著看著，睡魔來襲，於是把頭埋在豎起的膝蓋間睡了。

老人的喊聲吵醒我。環顧四周，清真寺裡已不見異教徒觀光客。看看錶，時間已過正午。

國王清真寺是對異教徒開放的伊斯蘭教寺院，但在正午的禮拜時間，要把異教徒趕出寺外，只讓伊斯蘭教徒在裡面祈禱。我平常都是正午前十分鐘離開，今天因為睡著了而錯過時間。

我又聽到老人震撼清真寺的喊聲，其實那不是喊聲，是祈禱。中午的禱告（Azan）。

老人站在牆邊，張著大嘴，朗誦的可蘭經聲像要直達天庭。一個人帶頭誦禱，我戲稱為「電線麻雀」的老人們就陸續站起，發出各自的喊聲。

這原本只是雄偉建築的國王清真寺突然生動起來。寺內的沉重空氣尖銳震動，整座建築在輕輕呼吸。

鋪著藍色磁磚的一個角落，一個人合掌、垂頭，在穿著土黃色聖袍的教士面前低聲傾訴。是在懺悔所犯的罪過嗎？還是傾訴忍受不了的苦惱？教士和那人都老了。

清真寺裡的所有老人都充滿了身處自己所屬之地的安詳。這清真寺本身或許也藉著老人的存在，從死亡中獲得瞬間的生命。

我一直有所恐懼。這份恐懼隨著旅行越久而越發強大。我是否正陷入旅行的漫長隧道中？何時才能通過這條隧道？原先預定幾個月的旅行，眼看著就要半年、一年了。或許還要兩年、三年才完成，我自己也沒把握。等到旅行結束時，我能完全適應這條旅行隧道出口的一切嗎？我沒有自信。我很清楚，等在旅行隧道出口的是遠比波斯秋天天空還要透明空虛的正經生活。我是否已經無法再適應那樣的生活了？

膝上的《波斯傳說集》裡有一段文字提到「老人與青春」。瀕死的國王告誡兒子，不論多麼年輕，也不能忘記光榮的神，不能對死亡掉以輕心，因為死亡是不分老少的。說完這些，父親還留給兒子下面這段話：

年輕時要像個年輕人，年老時就要像個老人！

或許在這平凡有力的話語中蘊含著「老」的哲學真理。至少，國王清真寺裡的老人都活得像那句話一樣。年老時就要像個老人、年老時就要像個老人……。

書裡還這麼寫道：

老了以後就要安靜地待在一個地方。老人旅行實屬不智，尤其是沒有財力者。老衰是敵人，貧困也是敵人。和兩個敵人結伴而旅，最最不智。

我聽著老人莊嚴的喊聲，在吹過清真寺的波斯蒼涼風中，彷彿看到已經老衰卻還沒穿過旅行漫長隧道的自己。

國家圖書館出版品預行編目（CIP）資料

深夜特急第二班車：波斯之風／澤木耕太郎作；陳寶蓮譯. -- 三版. -- 臺北市：馬可孛羅文化出版：英屬蓋曼群島商家庭傳媒股份有限公司城邦分公司發行, 2024.08
面；　公分. --（當代名家旅行文學；MM1105X）
譯自：深夜特急第二便　ペルシヤの風
ISBN 978-626-7356-92-0（平裝）

1. CST: 遊記　2. CST: 亞洲

730.9　　113008938

當代名家旅行文學

MM1105X

深夜特急第二班車：波斯之風

深夜特急第二便　ペルシヤの風

作　　者❖澤木耕太郎
譯　　者❖陳寶蓮
特別版序翻譯❖周奕君
封面設計❖廖　韡
內頁排版❖張彩梅
總　策　畫❖詹宏志
總　編　輯❖郭寶秀
行　　銷❖力宏勳

事業群總經理❖謝至平
發　行　人❖何飛鵬
出　　版❖馬可孛羅文化
台北市南港區昆陽街16號4樓
電話：886-2-2500-0888　傳真：886-2-2500-1951
發　　行❖英屬蓋曼群島商家庭傳媒股份有限公司城邦分公司
台北市南港區昆陽街16號8樓
客服專線：02-25007718；02-25007719
24小時傳真專線：02-25001990；02-25001991
服務時間：週一至週五上午09:30-12:00；下午13:30-17:00
劃撥帳號：19863813　戶名：書虫股份有限公司
讀者服務信箱：service@readingclub.com.tw
城邦網址：http://www.cite.com.tw
香港發行所❖城邦（香港）出版集團有限公司
香港九龍土瓜灣土瓜灣道86號順聯工業大廈6樓A室
電話：852-25086231　傳真：852-25789337
電子信箱：hkcite@biznetvigator.com
馬新發行所❖城邦（馬新）出版集團
Cite（M）Sdn. Bhd.（458372U）
41, Jalan Radin Anum, Bandar Baru Seri Petaling,
57000 Kuala Lumpur, Malaysia.
電話：+6(03)-90563833　傳真：+6(03)-90576622
電子信箱：services@cite.my

輸出印刷❖中原造像股份有限公司
三版一刷❖2024年8月
定　　價❖400元（紙書）
定　　價❖280元（電子書）

ISBN：978-626-7356-92-0（平裝）
ISBN：9786267520000（EPUB）

城邦讀書花園
www.cite.com.tw